Mon doux foyer

David ANGÈLE-DINIZ

Mon doux foyer

– Témoignage –

© 2022 ANGÈLE-DINIZ, David

Édition : BoD – Books on Demand, info@bod.fr
Impression : BoD – Books on Demand,
In de Tarpen 42, Norderstedt (Allemagne)
Impression à la demande

ISBN : 978-2-3224-6003-8
Dépôt légal : Octobre 2022

À mes parents, ces âmes solitaires.

Je vous aime.

PROLOGUE

Le bus qui m'emmenait vers le 119 de la rue de Ménilmontant à Paris, ce jeudi de septembre 1990, l'année de mes neuf ans, semblait glisser sur l'asphalte trempé par la pluie, poursuivant inéluctablement sa course, rugissant et soufflant à chaque reprise de vitesse, comme une bête immense et puissante. Dans son ventre, délimité par des vitres embuées et dégoulinantes de condensation, mon frère et moi, assis l'un à côté de l'autre, regardions silencieusement défiler le paysage urbain. Sur les sièges face à nous, M. Fournier et Mme Renaud, deux assistants sociaux qui nous rendaient régulièrement visite ces dernières années, nous fixaient, respectant notre mutisme et nous adressant de temps à autres des tentatives de sourires qui se voulaient, sans nul doute, pleins de bienveillance, mais empruntés de gêne.

M. Fournier était un homme approchant la cinquantaine, cheveux grisonnants, pantalon velours et sacoche marron en cuir usé, arborant un sourire aux dents déchaussées et tachées par le tabac dont l'odeur l'imprégnait. Mme Renaud était plus âgée que lui. Ses cheveux blancs comme neige, elle avait tout d'une petite mamie à qui on aurait volontiers collé dans la main un yorkshire en gilet au bout d'une laisse. Ces deux-là n'avaient pas de bonnes intentions à notre égard. Maman ne nous l'avait que trop répété : ils finiraient tôt ou tard par nous placer en foyer. C'était leur objectif, aussi illégitime, infondé et injuste fût-il.

Le dernier mot prononcé par Mme Renaud dans l'ascenseur, au sortir des locaux de la police judiciaire, quelques heures auparavant, résonnait dans ma tête : « après-demain ! »

« Après-demain ! », avait-elle affirmé, sourire compatissant aux lèvres, lorsque ma sœur cadette, Magali, 3 ans, lui avait adressé du haut de ses quelques centimètres un « je veux rentrer à la maison ! »

Attendez… quoi ? Après-demain ? Genre pas aujourd'hui, pas demain… après-demain ? samedi… le week-end…

La réalité que mon cerveau s'efforçait de bloquer depuis la sortie du commissariat semblait se frayer doucement un chemin vers ma conscience. Nous étions avec ces deux personnages, dans l'estomac humide et suffocant d'un bus-monstre, séparés de nos trois sœurs et visiblement pas en route vers chez nous.

Une lourde boule d'angoisse faisait son apparition dans ma gorge. J'espérais intérieurement qu'un événement inattendu se produise : un accident de la route, la chute d'une météorite, la fin du monde... n'importe quoi, pourvu que ce maudit bus n'arrive pas à destination. À chaque feu rouge, un super héros, sorti tout droit d'un cartoon et créé de toute pièce par mon imagination, descendait du ciel et se positionnait devant le bus pour empêcher de ses bras puissants qu'il ne poursuive sa route. Mais dès que le feu repassait au vert, le monstre gagnait le combat, et le super héros se faisait éjecter, semelles fumantes pour avoir tenté de freiner l'avancée de son adversaire sur la chaussée goudronnée.

Et finalement, la bête s'immobilisa et nous recracha sur le trottoir, à quelques mètres de notre destination : le Centre Éducatif du 119, rue de Ménilmontant, dans le 20ème, à Paris.

Je me sentais à la fois vide et pris d'une envie irrépressible de faire demi-tour. J'avançais malgré moi, tel un condamné se rendant à l'échafaud, vers un événement tragique et inexorable. Nous sommes entrés par une petite porte métallique incrustée dans un mur à la fois haut et large, s'étirant sur une centaine de mètres. De l'autre côté, une vaste cour s'ouvrait devant nous, composée, à notre gauche, de jeux pour enfants avec un bac à sable et, à droite, d'une étendue de pelouse avec un faux cratère en son centre, lui donnant une allure de très jeune volcan d'Auvergne.

Au milieu de ces deux espaces, face à nous, débutait un chemin qui, quelques mètres plus loin, encerclait un arbre majestueux entouré de souches. Mon frère s'est tourné vers moi, et s'est écrié « Tu as vu ? Y'a des jeux ! », visiblement peu perturbé par ce qui était en train de se produire – ou dans un déni total, ou bien peut-être cherchait-il, résigné, à se réconforter comme il le pouvait – et n'eut en guise de réponse de ma part qu'un sourire timide et crispé.

Derrière l'immense arbre, le chemin reprenait sa course et nous menait droit vers un bâtiment imposant vers lequel nous nous dirigions. Quelques marches à gravir nous séparaient de la lourde porte principale à double battant, au-dessus de laquelle était gravée une croix, accompagnée d'une inscription : « Laissez venir à moi les petits enfants ».

*Délaissée, la vie d'un gosse ressemble à la flamme,
D'une bougie dans un courant d'air.*

Shurik'N
"Si j'avais su" – *Sad Hill*, 1997

CHAPITRE 1

Le camion de la Brigade des Mineurs qui m'emmenait, un peu plus tôt ce jeudi-là, vers cinq heures du matin, aux locaux de garde à vue du 4ème arrondissement, semblait fendre l'air glacé de l'aube automnale. À l'arrière, accompagné de mon frère (Vincent, 11 ans), mes sœurs (Magali, 3 ans ; Delphine, 14 ans ; Sylvie, 16 ans), et de trois agents de police, j'observais, hébété et impuissant, cette situation que je peinais à assimiler.

Delphine, dont les sanglots étaient encore audibles et provoquaient des soubresauts au niveau de sa poitrine, semblait être la seule à comprendre ce qui se tramait. La trajectoire des événements des précédentes années nous conduisait pourtant en toute logique dans les parois métalliques et froides de ce fourgon…

Tout a commencé peut-être lorsque mon institutrice de CP m'a un jour pris à part, juste avant d'entrer dans la classe après la pause déjeuner, pour me demander si j'avais mangé à ma faim, si je ne voulais pas autre chose, une pomme peut-être, ou un bout de pain ? Ma silhouette chétive, mes cheveux emmêlés, mes yeux cernés et mes mains crasseuses, à l'instar de mes vêtements, y étaient sans doute pour quelque chose.

Lorsque j'étais plus jeune encore, aussi loin que je puisse me souvenir, avant même d'entrer en maternelle, ma mère n'en était alors qu'aux prémices de la dépression qui l'a faite sombrer par la suite, la situation n'était pas aussi alarmante, même si nous ne grandissions déjà plus dans un environnement que l'on pourrait qualifier de sain.

L'appartement dans lequel nous vivions était une HLM, située entre les quartiers de Jaurès et Stalingrad, dans un de ces immeubles typiques en briques orange, hauts de six étages, anciennement baptisés HBM (Habitation à Bon Marché), construits entre les années 1920 et 1930. C'était un T3 composé d'un salon, et de deux chambres : une parentale, et une partagée par les quatre premiers enfants de la fratrie : Sylvie, Delphine, Vincent et moi-même.

Papa, ouvrier, émigré portugais ayant fui la dictature de son pays natal, travaillait pour rapporter le salaire familial. Son boulot l'accaparait toute la semaine, dès six heures du matin et jusqu'en début de soirée. Il s'occupait également des courses et cuisinait le soir et les week-ends. Le samedi il s'octroyait une sortie en famille ou entre amis et rentrait parfois tard dans la nuit. Le dimanche, c'était jour de marché, l'occasion de se procurer des aliments et cuisiner des plats portugais puis, l'après-midi, une sortie avec les enfants : balade en forêt, au zoo ou rendre visite à un oncle ou une tante.

Il portait des cheveux mi-longs, fins, lisses et aussi noirs que sa grosse barbe fournie. Son regard était perçant, sévère et inspirait le respect autant que sa carrure trapue. Il était à la fois autoritaire et protecteur, savait imposer le silence avec un seul coup d'œil, parlait peu et ne s'exprimait jamais sur le registre des émotions et des sentiments.

Son amour pour ses enfants ne se manifestait qu'à travers le temps qu'il partageait avec eux, principalement le dimanche, ou l'achat de jouets. Toute autre marque d'affection, qu'elle soit physique ou verbale, était presque inexistante. De rares fois seulement, une main aux larges doigts durs et abimés par le travail manuel passait sur ma tête dans une caresse rassurante.

Et pourtant, cet amour, malgré l'absence d'expression et de manifestations extérieures, n'en demeurait pas moins authentique et indiscutable, je n'en ai aucun doute. Comme ces choses que l'on ressent au fond des tripes et qui se passent bien de preuves et de remises en question.

Maman était mère au foyer. Elle était l'avant-dernière enfant d'une fratrie qui en comptait treize, issue d'une famille originaire d'Italie, de Grèce et de Malte. Née en Tunisie, elle était arrivée en France alors qu'elle n'était âgée que de trois ans, accompagnée de sa famille au grand complet, qui cherchait à fuir les attentats perpétrés par la lutte nationaliste et dirigés vers les colons et structures gouvernementales françaises. Elle rencontra papa à l'âge de vingt-et-un ans. Ils se marièrent, et eurent ensemble cinq enfants.

Dans sa jeunesse, elle avait été une très belle femme. Elle avait de grands yeux bleu clair, les cheveux longs, châtain, et des traits fins lui donnant un air de Vanessa Paradis. Les antidépresseurs et autres anxiolytiques divers lui avaient fait prendre bien du poids depuis.

Sa dépression avait pour origine, à en croire les récits familiaux, une jalousie maladive dont elle accablait mon père et qu'elle hérita vraisemblablement de sa propre mère. Elle pleurait souvent, fumait tout autant et se plaignait à longueur de journées de l'absence de papa qui était, selon elle, dans les bras de ses maîtresses, tout en écoutant en boucle sur un vieux tourne-disque de la musique de son époque, Joe Dassin, Cloclo, et compagnie, s'attardant sur les mélodies les plus tristes qui, aujourd'hui encore, sont de vrais coups de poignard en plein cœur. *L'été indien*[1] n'intégrera jamais ma playlist « Nostalgie » et cette

---

[1] Joe Dassin – *Africa*, 1975

chanson est zappée dès que j'en entends les premières notes.

Comme avec papa, côté affectif, c'était toujours le grand désert. Tout ce qui est nécessaire au développement et à l'équilibre affectif d'un enfant était tout à fait inexistant : mots doux, compliments, encouragements, caresses, câlins, baisers… Rien. Nada.

Sa dépression débuta peu après ma naissance, alors que nous vivions à Alfortville. Notre déménagement dans le 19ème arrondissement de la capitale eut lieu lorsque j'avais à peine un an. Maman commençait alors progressivement à baisser les bras. Sur notre éducation, notre propreté ainsi que celle de l'appartement. Et les choses n'iraient pas en s'améliorant.

À la maison, les rudiments de la politesse étaient quant à eux complètement ignorés. Des mots tels que « Bonjour ; s'il te plaît ; merci » étaient totalement absents de notre vocabulaire, à tel point que pour nous, se lever le matin et passer devant les autres sans prononcer un seul mot était tout à fait normal.

L'hygiène, l'ordre et la propreté demeuraient également au fond des oubliettes. En un mot, nous vivions dans un parfait taudis. *[Les enfants vivent dans un appartement sans confort]* stipulaient de manière simpliste et tellement peu représentative les rapports sociaux.

Malgré leur jeune âge, les visages de mes camarades d'école primaire, réunis autour de moi, avaient exprimé une palette d'expressions allant de la stupéfaction au dégoût quand, dans ma grande naïveté, je leur racontai une partie de cache-cache avec mon frère, au cours de laquelle je me faufilai sous un lit, et y restai caché parmi les moutons de poussière, les mouchoirs, journaux et magazines déchiquetés, les asticots et les cafards.

Je ne suis entré en maternelle qu'à l'âge de 4 ans. Ma mère m'y avait accompagné pour l'inscription un beau matin d'automne. Des feuilles de platane rouges et jaunes gisaient sur le sol, des pigeons parisiens marchaient parmi elles et des cris d'enfants résonnaient dans le lointain. Nous avions été conviés dans le bureau de la Directrice. Un beau et grand bureau avec une bibliothèque en bois, une fenêtre donnant sur la cour de l'école, et un magnifique tapis au sol, sur lequel mon urine s'était répandue. Leur conversation, qui n'avait rien d'intelligible pour moi, était interminable. Maman me tenait par la main, et je me tortillais tout en regardant Madame La Directrice dans les yeux, sachant pertinemment qu'elle voyait l'auréole prendre de l'ampleur dans mon entrecuisse, puis sur son tapis…

J'avoue ne pas me souvenir de la manière dont cet entretien s'était conclu. J'imagine que j'étais loin d'avoir fait la fierté de ma mère.

Toujours est-il qu'il était désormais temps pour moi de quitter le confort du domicile familial pour aller me confronter au dur monde de la collectivité. Jamais vraiment sociabilisé, jamais initié aux activités manuelles ou créatives, toujours livré à moi-même, jouant seul dans mon coin en attendant que mes frère et sœurs ne rentrent de l'école, mes premières années de vie en société furent un véritable fiasco.

Le premier jour, mon frère était hilare. Sur le court trajet entre l'appartement de mes parents et l'école maternelle – que nous effectuions seuls entre frères et sœurs, – il ne cessait de me regarder, pour aussitôt pouffer de rire et commenter : « Ça fait bizarre ! » Et moi, niais, je souriais bêtement, ne me rendant pas compte que dans quelques minutes, ils me laisseraient tous, seul dans un endroit inconnu, sans m'y avoir vraiment préparé.

Après m'avoir brièvement présenté à l'accueil, un petit coucou de la main, et puis… l'angoisse. La solitude. L'incompréhension. Je me suis assis sur un banc en bois, un grand banc orné qui n'était pas sans rappeler le mobilier du bureau de Madame La Directrice – ou les bancs des couloirs du Palais de Justice – et suis resté là, immobile, attendant que les choses se fassent d'elles-mêmes. Que mon frère et mes sœurs reviennent, que ce cauchemar s'arrête. J'étais terrorisé.

Soudain, une cloche a retenti et des flots d'enfants tapageurs se sont déversés de tous côtés dans les couloirs. Trois ou quatre de ces mioches se sont arrêtés devant moi, m'ont regardé fixement dans les yeux en me décochant des coups de pieds dans les tibias au passage, ce qui ne manquait pas de creuser mon désespoir, à mesure que les brûlures provoquées par la pointe de leurs chaussures se faisaient ressentir à travers mon jean. Je suis resté assis, tête dans les épaules, jusqu'à ce que la concierge se décide enfin à me présenter à mon institutrice, Claudine.

Claudine avait été très accueillante et bienveillante envers moi. Un brin de réconfort dans cet univers hostile. Elle m'invita à réaliser une peinture : de grandes feuilles de papier blanc étaient suspendues, devant lesquelles se trouvait une table remplie de pots et de pinceaux en tous genres. Tétanisé par le regard des autres enfants et l'inconnu, je m'étais cantonné à l'utilisation du pot se trouvant le plus proche de ma « toile » : le caca d'oie.

Je me suis alors lancé dans la représentation de petits bonhommes constitués uniquement d'une sphère en guise de corps et de bâtons pour membres ; un genre d'araignée à quatre pattes. Tous uniformes. Seule la position de leurs membres changeait de temps à autre. Soudain, le temps resta suspendu : Claudine s'écria « Regardez ! Regardez tous ce qu'a fait David ! » Silence. Plus un mouvement dans la classe. Elle joignit les mains dans un geste de prière et conclut : « C'est magnifique ! » Un cri d'admiration collective, très peu objectif, s'ensuivit. J'étais soulagé.

Je suis rentré ce soir-là, mon chef d'œuvre sous le bras, enroulé et maintenu par un ruban élastique. Quand Vincent m'a demandé de le lui dévoiler, il me gratifia d'un cri d'émerveillement exagéré au possible, mais qui suffit à me conforter dans mon sentiment de fierté. Finalement, ça valait bien quelques coups de lattes dans les jambes.

La patience et la bienveillance de Claudine se sont bien vite délitées face à ma réticence à participer aux activités quotidiennes, mon manque d'implication, de communication et aux rendus toujours désastreux de mes travaux.

Elle me mettait à l'atelier écriture, je lui rendais, non sans avoir passé plusieurs minutes tétanisé, observant les autres écrire leur prénom en grandes lettres bien courbées, l'équivalent d'un moucheron écrasé au milieu de ma feuille ; elle me mettait à l'atelier tampons, je lui rendais une feuille aussi noire que mes mains.

Le jour de Mardi gras, nous devions fabriquer et peindre nous-mêmes des masques. Attachés au niveau de notre taille, ils nous recouvraient en quasi-totalité, seuls des petits bouts de jambes et de bras dépassaient. Deux trous étaient positionnés à hauteur d'yeux pour que nous puissions y voir quelque chose en nous déplaçant et ils avaient des serpentins de couleur en guise de cheveux. En peignant mon masque, qui était supposé être coloré et festif, j'avais tellement imbibé mes pinceaux d'eau, que chaque couleur utilisée dégoulinait, y laissant des coulures verticales qui lui donnèrent une apparence de masque de sorcier africain terrifiant. J'étais plus dans le thème d'Halloween que du carnaval. Dans la rue, lors de notre petit défilé, tous les enfants qui me croisaient lâchaient, bouche grande ouverte et sourcils froncés, un cri d'horreur et de dégoût, cette fois non influencé par l'avis (mensonger) de l'institutrice.

Tout au long de cette première année, le déroulé des journées était sensiblement le même. Aussitôt arrivé le matin, j'allais me réfugier sous le préau, le repère des âmes solitaires, et j'y restais immobile jusqu'à ce que la sonnerie annonçant l'entrée en classe ne retentisse.

Dans la salle de classe, je me prenais des jouets dans la tronche, pendant la récréation, des pointards dans les tibias, y compris par de petites filles aux chaussures vernies. Je n'avais clairement pas la cote.

Je finis par me lier d'amitié avec un garçon habitant dans la même résidence que nous, Yannick, qui avait un défaut d'élocution prononcé et pleurait à la moindre égratignure. Un vaccin, même une semaine après son administration, le faisait hurler à la mort si on avait le malheur d'effleurer l'endroit où la piqûre avait été faite. Mais il parvenait tout de même à intimider quelques-uns de ses camarades et à chourer une petite voiture ci et là. Disons que j'avais été un peu plus tranquille à partir du jour où il était devenu mon copain.

Le midi, je rentrais avec mes frère et sœurs à la maison, où ma mère nous avait préparé notre repas, que nous mangions en regardant les clips sur M6. L'après-midi, dès mon retour en classe, c'était l'heure de la sieste. Je ne dormais absolument jamais. Je restais allongé au sol, droit comme un i, les mains jointes sur le torse. Quand je sentais la présence de Claudine qui se faufilait entre nous pour vérifier que nous dormions, mes paupières se mettaient à trembler, comme pour me trahir. Aujourd'hui encore, il m'arrive de sentir parfois dans le métro ou dans la rue un parfum qui me rappelle celui qu'elle portait, faisant surgir en moi le souvenir de la trouille que je ressentais en sa présence, face à l'autorité qu'elle représentait.

Après l'école, lorsque papa rentrait du boulot, les hurlements, les scènes de jalousie et les pleurs de maman rythmaient nos soirées.

C'est au cours de ma seconde année de maternelle, au mois de janvier précisément, qu'un événement familial important s'est produit. Plongé dans mon sommeil au petit matin, j'ai entendu un bruit d'eau se répandre sur le sol dans la chambre de mes parents, puis mon père demander :

– T'es en train de pisser ?!
– J'ai perdu les eaux ! le corrigea maman.

Magali arrivait.

Nous n'étions pas allés à l'école pendant quelques jours, nos deux sœurs aînées nous gardaient mon frère et moi pendant que mon père se rendait à la maternité. Magali était née par césarienne, mais elle et ma mère se portaient bien. Je me souviens avoir ressenti pendant ces jours-là mon premier état d'âme que je qualifierais d'étrange. Ce genre d'état d'âme que l'on ressent lorsqu'apparaît une faille dans le quotidien tel qu'on le connait et qu'un sentiment de bouleversement imminent et porteur de changements irréversibles se fait ressentir.

Magali nous a rejoint chez nous quelques jours après son arrivée au monde, et si mes souvenirs sont exacts, a très vite été acceptée par ses frères et sœurs. Hormis ces quelques fois où nous étions rappelés à l'ordre parce qu'elle était à la sieste et nous jouions trop bruyamment, il n'y eu que peu de changements pour nous. Nous étions en admiration, attendris. Autant que des enfants de notre âge puissent l'être. Nous avions tous assisté à son premier bain et l'avions surnommée « la chèvre », à cause de ses pleurs aigus et saccadés.

Le plus gros des changements fut pour ma mère. Au départ, galvanisée par l'arrivée de ce nouvel enfant, elle s'enfonça progressivement, pas moins d'un an après, dans sa dépression. La perte de ses parents fut la goutte de trop.

Mon nouvel instituteur était un homme prénommé Vincent, comme mon frère, svelte et barbu. Je me sentais plus en confiance avec lui qu'avec Claudine. Sans doute la présence de pilosité faciale me rappelait mon père. Yannick et moi n'étions plus dans la même classe, mais je m'étais lié d'amitié avec Marc, une âme solitaire du préau, comme moi.

Marc était un garçon un peu fort, avec une tignasse dense et bien coiffée. Sa mère lui glissait tous les matins des petits biscuits dans les poches de son manteau. Je le surprenais parfois en sortir des petits morceaux qui devaient dater de plusieurs jours et les manger après avoir poussé un petit cri de contentement. Un jour, après qu'il avait remarqué qu'une de ses poches était trouée, nous avions découvert que la doublure de son manteau était remplie de biscuits écrasés et rassis. Nous avions alors entrepris de la vider, laissant derrière nous un monticule de miettes.

En classe, j'étais plus attentif et plus soigneux. Le Mardi gras de cette année-là fut l'occasion pour moi d'exhiber un magnifique masque de corbeau noir au bec jaune. J'avais été inspiré par l'un de ces oiseaux que j'avais aperçu, haut perché sur le mur de la cour de notre résidence, un jour gris et pluvieux. Son air majestueux, l'indépendance et la liberté dont il semblait jouir, avaient exercé sur moi une certaine fascination.

Vincent, mon frère, et Delphine avaient un très bon coup de crayon pour leur âge et m'avaient alors initié au dessin. Je prenais plaisir à recopier leurs représentations d'animaux en tout genre. Je pouvais ensuite les reproduire indéfiniment et me les approprier petit à petit.

Un beau jour, en classe, je décidai d'en remplir une pleine page. Des animaux de toutes les couleurs, réalisés au stylo-feutre, que je maniais bien mieux que les pinceaux. Un jeune garçon remarqua mon talent, et appela un de ses amis : « T'as vu comment il dessine bien ? » Comme une étincelle à l'origine d'un incendie qui se répand et embrase les alentours, l'information passa rapidement de bouche à oreille, et la classe entière se retrouva bientôt attroupée autour de moi, ce qui ne manqua pas d'attirer l'attention de Vincent barbu. Il prit ma feuille, l'inspecta attentivement, puis me couvrit de compliments qui sentaient bon la sincérité : « C'est super ce que tu fais, non vraiment, tiens celui-là, on l'accroche, il est vraiment très beau, bravo ! » Mon œuvre se retrouva affichée sur un panneau à l'entrée de la classe.

J'étais tellement fier que je repassais le film en boucle dans ma tête, je me sentais de plus en plus léger et transporté à mesure que la bobine du souvenir défilait.

Quelques jours plus tard, Madame La Directrice était entrée dans notre classe et était en grande conversation avec Vincent. Chacun vaquait alors à ses occupations, et je commençais doucement à m'éloigner d'eux lorsque qu'elle m'interpella : « Dites donc, jeune homme ! » Je stoppai net et tournai sur moi-même dans sa direction, lentement, prêt à entendre des remontrances, lorsqu'elle poursuivit : « Il va falloir que vous m'en fassiez un en grand format, pour l'afficher dans le hall ! » Elle n'eut comme retour de ma part que ma réponse de prédilection : un discret sourire.

Cette seconde année de maternelle fut moins pénible que la précédente, sur bien des aspects, même si j'étais toujours aussi effacé, évitant au maximum d'entrer en contact avec les autres, adultes ou enfants, à l'exception de Marc.

Les choses prirent un véritable tournant durant mes premières années d'école primaire, du CP au CE2. Mon caractère commençait à s'affirmer et j'étais loin d'être tendre, surtout avec ma mère. Nous lui tenions tous tête et n'écoutions pas ce qu'elle nous disait, mais je crois que dans ce domaine-là, je portais la couronne. J'étais turbulent et tapageur, malgré les multiples plaintes des voisins, je hurlais et tapais lorsque je n'obtenais pas ce que je désirais.

Hurlement est un bien faible mot pour décrire le son émis par mes cordes vocales. Lorsque j'entrais dans une crise de rage, je devenais incontrôlable, détruisais tout autour de moi et mon cou doublait de volume, marqué par un dense réseau de veines apparentes, alors que j'éructais un beuglement bestial, un cri de possédé. Sans pour autant chercher à me mettre sur le dos l'entière responsabilité de la dépression de maman, j'estime que mon caractère colérique a plus que joué son rôle parmi les circonstances aggravantes.

Elle n'avait aucune autorité sur moi, ne parvenait pas à me canaliser et le soir, lorsqu'elle racontait tout à mon père, qui rentrait épuisé par sa journée de boulot, elle n'obtenait comme réponse qu'un « Qu'est-ce tu veux qu'j'te dise ? » ou une petite oreille tirée par de gros doigts d'électricien de temps à autre, pas de quoi me faire changer de comportement.

Je n'écoutais rien, mangeais ce que je voulais, ne me lavais pas, ne me changeais pas… et je partais à l'école en l'état. Je faisais absolument tout ce que je voulais. En dehors des nuits et des temps de repas, je jouais et regardais des dessins animés à volonté. J'inventais les pires jeux avec mon frère, comme vider les tiroirs d'une commode de leur contenu, enlever ces mêmes tiroirs une fois vides, et se retrouver coincés sous le meuble après qu'il nous était tombé dessus car déséquilibré ; ou encore piquer des œufs dans le frigo, les casser dans une glacière, et se recouvrir la tête de jaune liquide et de coquilles… Lorsque nous ne trainions pas dans les rues, seuls, parfois jusqu'à vingt-et-une heures, sous les regards inquiets des passants qui cherchaient des yeux, non loin de nous, un adulte qui aurait pu être notre accompagnateur.

Mon univers intérieur était riche, mon imagination foisonnante, j'étais fasciné par la découverte du monde, qu'il s'agisse de notre quartier, d'un dépotoir au détour d'une rue, des quais du canal de l'Ourcq, ou d'un zoo et d'une forêt, lorsque papa nous y emmenait le dimanche après-midi. J'adorais écouter de la musique et laisser aller mon imagination… L'album Thriller de Michaël Jackson est sans doute celui qui aura le plus imprégné ces années-là.

À l'exacte opposé de mon comportement à la maison, en classe, j'étais sage comme une image. Je buvais les paroles des différentes institutrices, que je craignais. Je n'avais pas besoin de faire d'efforts, je comprenais tout avec une facilité qui m'étonne encore aujourd'hui et j'avais d'excellents résultats, ce qui me valait souvent des encouragements, des félicitations. Tout était facile et agréable, j'aimais l'école, et notamment le fait d'être cadré, assis la majeure partie du temps devant le tableau noir, et non plus en roue libre comme en maternelle. J'avais un groupe de copains constitué de trois autres garçons, je m'épanouissais.

Mon apparence physique en revanche en racontait long sur la négligence dont mes parents faisaient preuve. Les premiers signalements avaient sans doute été faits par les voisins, à cause des cris, des pleurs et du vacarme incessant. La suite fut reprise par la médecine scolaire : « Yeux cernés. Chétif. » pouvait-on lire sur le compte rendu de visite médicale. *[Les enfants présentent d'importantes carences éducatives et affectives]*, renchérissaient les rapports sociaux.

L'institutrice du cours préparatoire, celle-là même qui me demanda si je mangeais à ma faim à la maison, m'avait un jour apporté un sac rempli de vêtements, ce qui n'avait pas manqué d'alerter ma mère.

Peu de temps après mon entrée en CE1 eut lieu la première visite de M. Fournier et Mme Renaud. Je serais bien incapable de retranscrire le contenu des entretiens qu'ils avaient avec maman. Je me souviens seulement qu'ils avaient lieu en journée, le mercredi, pendant que mon père était absent et que leurs visites étaient régulières et se sont étalées sur deux années.

Les deux travailleurs sociaux n'avaient pas été accueillis à bras ouverts, bien au contraire. Papa et maman faisaient leur possible pour s'opposer systématiquement à toute tentative d'intervention, les laissant parfois sur le pas de la porte s'acharner de longues minutes sur la sonnette pour repartir bras ballants et la queue entre les jambes. Finalement, après plusieurs recadrages du magistrat en charge du dossier, ils parvinrent petit à petit à avoir accès aux enfants.

De temps à autres, ils nous emmenaient faire une activité en dehors de chez nous. C'est à partir de là que maman commença à nous menacer lorsque nous n'étions pas sages : « Attends, tu vas voir ! M. Fournier va t'envoyer en pension ! » Bien entendu, nous n'en croyions pas un mot, ce n'étaient pour nous que des paroles en l'air.

Et puis, une nouvelle faille est apparue dans le quotidien, accompagnée d'un état d'âme étrange, un jour froid et ensoleillé, le ciel était bleu azur et totalement dégagé. J'avais une chanson en tête, le générique du dessin animé Le Tour du Monde en 80 jours, qui contribuait, ou plutôt se mélangeait à mes émotions, teintées d'inquiétude et de mélancolie. Nous avons pris un taxi avec maman, une première, et nous sommes rendus au tribunal pour enfants sur l'Île de la Cité. Après avoir patienté dans une salle toute en marbre, sur de longs bancs en bois inconfortables, nous avons passé la double porte qui menait au bureau de La Juge pour Enfants, Madame Tardieu.

Madame Tardieu était une femme à la silhouette filiforme, aux cheveux bruns très courts et aux yeux en forme d'amande. Sa voix était douce et posée. Les postures qu'elle adoptait quelquefois pendant les audiences étaient assez singulières. Lorsqu'elle nous écoutait parler, elle posait un coude sur son bureau puis maintenait sa tête sur sa main, couvrant sa bouche avec sa paume. Ses jambes s'entortillaient l'une sur l'autre dans un double croisement qui accentuait encore sa maigreur.

Sur son bureau, un élément décoratif attirait particulièrement mon attention : un puzzle en 3D, représentant un chien et dont chaque pièce était d'une couleur unie différente. La pièce constituant le haut du corps ne s'emboîtait pas parfaitement avec les pattes arrière de l'animal, de sorte qu'un espace agaçant et disgracieux les séparait, faisant naitre en moi un désir de perfection, une envie furieuse de me lever et de tenter de les emboiter comme il se devait. Avec le temps, j'en viendrais à me demander si cet objet n'était pas une sorte de test, un truc de psychologue pour mesurer la santé mentale de son interlocuteur, ou pour l'hypnotiser et le rendre plus malléable.

En arrière-plan, à quelques mètres de Mme Tardieu, assis devant ce qui ressemblait à une machine à écrire, un homme plutôt grand, mince et dont les joues étaient constellées de crevasses, comme marquées par une sévère acné juvénile, semblait s'affairer discrètement et consciencieusement sur ses dossiers. Nous finirions par le surnommer, sans même comprendre la signification de ce mot, « Le Greffier », comme s'il s'agissait d'une créature imaginaire, un cousin éloigné du croque-mitaines, et j'apprendrais bien des années plus tard que l'une de ses missions consistait à noter à l'aide de sa sténotype absolument tout ce qui se disait pendant les audiences.

Ce premier entretien fut particulièrement long et pénible, surtout pour maman. Mme Tardieu procéda sans ménagement à la lecture de rapports faisant état de son incapacité à s'occuper de ses enfants du fait de sa dépression, des échecs de toute tentative pour lui faire prendre conscience de leurs réels besoins, aussi bien matériels qu'affectifs, et décrivant cette fois-ci de manière plus détaillée l'état de l'appartement : « Meubles détériorés, linge non rangé, détritus qui traînent un peu partout… dois-je continuer ? »

Maman ne put retenir ses larmes et se défendit du mieux qu'elle le put : « Mais, enfin, ils mangent à leur faim, ils ne sont pas nus ! » Cette dernière réplique fit rire tous les enfants à l'unisson.

Peu de temps avant les vacances d'été de ma seconde année de cours élémentaire, Mme Tardieu avait prononcé son jugement : nos parents devaient nous remettre à l'assistance publique à la prochaine rentrée scolaire.

Tous les étés, nous partions au Portugal, dans le village natal de mon père, situé dans la région de

Trás-Os-Montes, dans le Nord du pays. C'était l'occasion de rencontrer notre famille, nos grands-parents, mais aussi nos (très) nombreux oncles et tantes, et bien sûr leurs enfants, nos cousins avec qui nous jouions aux quatre coins du village.

Rurale, composée de hauts plateaux, de montagnes et largement dominée par la nature, cette région nous offrait un véritable enchantement. Le soleil et la chaleur omniprésents, la rivière dans laquelle nous nous baignions, les balades à vélo… tout ceci était bien loin de notre vie parisienne.

L'été qui suivit le jugement de Mme Tardieu, en compagnie de mon cousin Gabriel, nous descendions à vélo pour la quarantième fois dans la même journée la longue route pentue du village lorsque j'eus un moment de lucidité… tout à coup, j'avais pris conscience du danger… Et si tout ça était vrai ? Si dans quelques jours, à notre retour en France, on nous mettait en pension pour de bon, loin de nos parents, notre chez-nous ? Je fis part de cette inquiétude à Gabriel, mais il était trop loin de ce genre de préoccupation, et nous étions trop jeunes pour qu'il comprenne ma demande implicite de réconfort.

De retour dans la grisaille parisienne, mes parents avaient décidé de ne pas tenir compte du jugement de Mme Tardieu et nous avaient réinscrits dans les mêmes écoles. Nous nous y sommes rendus les trois premiers jours, comme si de rien n'était. Puis ils nous ont réunis pour nous annoncer le plan des jours à venir : « Demain, et certainement pendant quelques temps, vous n'irez pas à l'école, sinon, ils vont venir vous prendre ! »

Le lendemain matin, nous n'avons donc pas pris le chemin habituel. Nous sommes sortis de l'appartement, nous avons descendu quelques marches et maman a sonné chez notre voisine du dessous, Mme Agnoly.

Mme Agnoly était une dame d'un certain âge, originaire des Antilles et qui vivait seule avec son frère. Elle travaillait en tant que femme de ménage dans le bureau de poste juste en face de la résidence. Elle était d'une grande gentillesse et très discrète, comme sa silhouette. Maman lui a exposé la situation et Mme Agnoly a accepté que nous nous cachions chez elle pour la journée. C'était d'autant plus louable de sa part qu'elle était en première ligne des nuisances sonores dont nous étions à l'origine, moi le premier, avec mes sauts, mes cris de colères, mes martelages du sol avec les talons…

Nous nous sommes installés dans son salon. La disposition de son appartement était exactement la même que la nôtre. C'était comme être à la maison, mais en beaucoup plus sobre et propre. La décoration était sommaire. Il y avait de la moquette au sol, d'un bleu-gris clair, qui donnait à l'appartement un aspect douillet. Son frère somnolait dans un fauteuil devant la télévision dont le son était à peine audible. Et nous sommes restés là, dans un long silence un peu gênant, guettant de temps à autres les bruits dans la cage d'escalier. M. Fournier et Mme Renaud pouvaient débarquer à n'importe quel moment.

Difficile pour de jeunes enfants de rester en place une journée entière. Au bout de deux ou trois heures de patience, Vincent, Magali et moi-même avons commencé par nous lever, pour aller explorer les autres pièces de l'appartement, et nous avons bien sûr fini par courir partout, chahuter, en terrain conquis. À la fin de la journée, quand ma mère a estimé que le danger était évité, nous sommes rentrés chez nous.

Puis, nous avons renouvelé la manœuvre, un jour, et un second, puis un troisième. Voyant que Mme Tardieu et ses sbires ne se manifestaient pas, mes parents ont dû penser que tout danger était écarté, qu'ils avaient fini par capituler et qu'on ne pouvait pas les forcer à confier leurs enfants à l'assistance publique contre leur gré. Ils ont donc décidé que nous reprendrions le chemin de l'école.

La veille, avant que nous allions nous coucher, maman a écrit dans le carnet de correspondance de chacun un mot d'excuse, de son écriture enfantine, tremblotante et qui peinait à suivre les réglures. Dans mon lit, j'angoissais à l'idée de retourner en classe après plusieurs jours d'absence en pleine rentrée scolaire, avec pour seule justification ces mots : « Malade – Intoxication alimentaire. » Je me demandais si mon nouvel instituteur allait gober cette couleuvre et j'appréhendais les interrogations de mes camarades. Je me suis endormi sur ces pensées.

Et c'est à cinq heures du matin, alors que la nuit était encore profonde et noire, que l'on a sonné et tambouriné à la porte. S'ensuivirent des bruits de pas dans l'appartement – mon père se dirigeant vers la porte d'entrée – des bruits de verrous que l'on ouvre, d'une chaine de sécurité qui coulisse, et puis des voix graves qui viennent perturber le calme : « Brigade des Mineurs ! »

Papa ne leur a opposé aucune résistance, et il apparut dans la chambre, devancé par trois silhouettes noires ornées de brassards orange. Delphine bondit aussitôt dans la chambre parentale attenante à la nôtre, et nous lui avons tous emboité le pas. Les policiers nous demandaient avec insistance de nous habiller et de les suivre. Nous restions immobiles.

Delphine pleurait, bras croisés, montrant ostensiblement qu'elle n'avait pas l'intention d'obtempérer, tournant le dos aux policiers. Nouvelle sommation.

– Allez vous faire foutre ! leur lança-t-elle.
– Vous savez que vous vous adressez à un agent de police mademoiselle ? menaça la seule femme du trio.

L'un des deux hommes perdit patience, s'avança et attrapa Delphine à bout de bras, la soulevant du sol. Elle criait et battait des pieds en l'air, comme horrifiée à l'idée de ce qui l'attendait. Bientôt, les cinq enfants se retrouvèrent à l'arrière du fourgon métallique, à la vue des voisins alertés par les cris et des quelques badauds matinaux.

À notre arrivée dans les locaux de la Préfecture de police du 4ème arrondissement, le jour commençait doucement à poindre. Un policier nous accompagna dans une grande salle. Avant de nous quitter, il nous questionna : « Vous n'avez pas encore mangé ? Vous voulez un sandwich ? » Son air rassurant et paternaliste me réconforta, et je répondis par l'affirmative, suivi de Vincent. Delphine nous fusilla du regard, nous reprochant sans doute d'accepter un cadeau de la part de l'ennemi.

La salle dans laquelle on nous fit entrer était spacieuse et rectangulaire. De chaque côté se trouvaient trois ou quatre cellules cloisonnées par de grandes vitres à travers lesquelles on pouvait apercevoir de jeunes gens (qui à l'époque me paraissaient être des adultes). Il y avait au centre de la pièce un bureau devant lequel était assis un policier moustachu, gros et gras, qui pionçait, ronflant bras croisés, tête appuyée sur une épaule. Nous l'avons observé en silence, somnoler et grouiner pendant de longues minutes, jusqu'à ce que notre sandwich nous soit livré.

Le banc que nous occupions était posé devant l'une des cellules, de sorte que nous étions adossés à la paroi vitrée. À l'intérieur, un jeune homme débraillé et titubant s'approcha péniblement de la porte et baragouina quelques mots incompréhensibles avant de se faire rabrouer par le Sergent Garcia.

– Qu'est-ce qu'il a ? Demandai-je.

– C'est un drogué ! répondit sèchement Delphine, pour mettre rapidement fin à la conversation.

Dans la cellule nous faisant face, une jeune fille à la voix cassée nous interrogea :

– Pourquoi vous êtes là les jeunes ?
– Ils veulent nous mettre en foyer ! répondit Delphine, la voix de nouveau tremblante.
– Encore à cause d'une grosse pute d'assistante sociale !

Après quelques minutes – ou ce qui me sembla plusieurs heures – d'attente, Magali se leva du banc et partit sur la pointe des pieds s'enquérir de ce qui pouvait bien se passer dans le couloir. Elle passa la tête, et revint rapidement vers nous, certainement après avoir aperçu quelque policier dans les bureaux attenants. Sa mimique à la fois apeurée et amusée ne manqua pas de nous faire rire, Vincent et moi. Et il n'en fallut pas plus pour que nous commencions à jouer, courir et rire de plus en plus bruyamment, ce qui agaçait visiblement Delphine. Elle avait la tête dans les mains, les coudes sur les genoux, et faisait tressauter sa jambe, le regard plein de colère, dans le vide.

Nos jeux prirent fin lorsque deux visages familiers firent leur apparition : Mme Renaud et M. Fournier. Ce fut presque un soulagement de les retrouver ici. Je pensais inconsciemment, et à tort, qu'ils étaient là pour nous reconduire chez nous. La petite Magali en exprima le désir, la fatigue due au réveil matinal et quelque peu original commençant sans doute à se faire ressentir, mais la réponse de Mme Renaud ne fut pas à la hauteur de nos attentes. Selon ses dires, le retour à la maison n'était pas prévu avant « après-demain ! »

Nous sommes alors retournés dans la rue et là avons tous été séparés, sauf Vincent et moi. Mes sœurs ont chacune été confiées à un travailleur social différent qui les accompagnerait dans leur foyer respectif. Les deux garçons avaient droit à une faveur, ils allaient pouvoir rester ensemble.

Et quelques heures après, aux alentours de midi, ils franchissaient la porte du Centre Éducatif de Ménilmontant.

*Imagine les glandes, de n'pouvoir voir les tiens, faute de rien
Parce qu'à partir de maintenant, c'est à eux qu't'appartiens*

Mc Jean Gab'1
"Enfants de la DDASS" – *Ma vie*, 2003

CHAPITRE 2

Sortir de ce putain de foyer ! Tel fut mon objectif de vie pendant les six années qui suivirent l'instant même où j'y pénétrais.

Le bâtiment, qui abritait anciennement un orphelinat, était long d'une soixantaine de mètres et haut de cinq étages, recouvert d'une peinture blanche et craquelée. Il était divisé en deux ailes, séparées par un escalier en colimaçon dans sa partie centrale, laquelle était accessible par la porte principale. L'aile gauche abritait les bureaux du personnel administratif, tandis que dans l'aile droite se trouvaient les lieux de vie. Chaque étage comptait une douzaine d'enfants, regroupés par tranches d'âges et chapeautés par une équipe d'environ cinq éducateurs attitrés. Les portes d'accès aux lieux de vie étaient peintes de la couleur associée à chaque groupe. Il y avait ainsi le groupe rose au premier étage, qui accueillait les garçons les plus âgés, puis plus on montait, et plus les enfants étaient jeunes. On trouvait alors le groupe jaune, le vert, le rouge et le marron, dans lequel vivaient de très jeunes enfants.

Accompagnés de Mme Renaud et M. Fournier, nous avons débuté l'ascension de l'escalier en colimaçon. Les murs étaient recouverts d'une moquette, du même bleu nuit que la porte principale en bois massif. Nous sommes arrivés devant un bureau ouvert et avons été présentés au Directeur Adjoint du Centre Éducatif : M. Péron.

M. Péron était un homme imposant, haut d'au moins un mètre quatre-vingt-dix, et aux épaules larges. Il portait une veste en tweed à carreaux, des lunettes aux verres légèrement teintés et une moustache châtain fournie. Il parlait d'une voix caverneuse et calme. Il nous expliqua brièvement comment allait se dérouler la suite des événements. Une seule information retint mon attention : étant donné notre différence d'âge, mon frère et moi n'irions pas dans le même groupe. La gorge serrée et les larmes au bord des yeux, je la lui fis répéter, afin d'être certain d'avoir bien entendu. M. Péron, qui avait vraisemblablement capté mon angoisse, s'efforça de me réexpliquer ce point, toujours avec la même voix posée et abordant les faits de manière très objective.

Il décrocha alors son téléphone, et après avoir passé deux coups de fil, deux hommes se sont présentés : l'un devant escorter Vincent jusqu'au groupe rose ; l'autre était mon accompagnant vers le groupe jaune, le seul groupe mixte de tout le foyer.

Il s'appelait Omar. Il marchait devant moi en boitant légèrement, me posant des questions auxquelles je n'avais pas envie de répondre. Je me sentais à la fois vide et traversé par un flot continu de pensées qui défilaient à grande vitesse. Tout semblait tellement irréel. N'étais-je pas en train de rêver ? Toutes ces années pendant lesquelles M. Fournier et Mme Renaud nous rendaient visite, ces menaces de placement qui avaient perdu leur crédibilité à force d'être rabâchées. Et ça avait fini par se produire. Tout mon être voulait se trouver ailleurs, mais mes jambes continuaient de suivre Omar, qui passait désormais la porte du groupe jaune.

Il ne s'agissait pas de l'entrée à proprement parler, mais d'une issue de secours qui donnait sur l'escalier principal et dont l'accès nous était interdit. Nous devions passer par un autre escalier, situé dans l'extrémité droite du bâtiment. C'est là que se trouvaient les portes d'entrée, peintes selon le nom du groupe auquel elles donnaient accès.

Tout en avançant de sa démarche boitillante, Omar me décrivait les lieux. Un long couloir rectiligne s'ouvrait devant nous. De chaque côté, deux chambres de trois lits chacune. Deux chambres de filles et deux chambres de garçons.

Pendant notre avancée, j'entendais des voix dans une pièce plus très éloignée de nous. De nombreuses voix d'enfants qui chahutaient. Au bout de ce long couloir, sur la gauche, se trouvait le bureau des éducateurs. Il était composé d'une table, une chaise, un petit lavabo, une étagère et même d'un petit lit fait au carré. Un petit virage à droite, nous étions alors à hauteur des toilettes, puis nouveau virage à gauche, se trouvaient alors la porte d'entrée au groupe et les casiers à chaussures. Au bout du couloir, nous sommes finalement entrés dans une grande pièce lumineuse. Un salon ouvert sur une salle à manger.

Les voix se sont immédiatement tues et ont fait place au silence. Une douzaine de nouveaux visages m'examinaient avec curiosité. Ils étaient répartis autour d'une longue table rectangulaire dont chaque extrémité était inoccupée. Omar alla s'installer à celle se trouvant le plus éloignée de nous, et m'invita à m'asseoir sur celle qui se présentait devant moi. Je m'exécutai, et restai assis, le regard dans le vide. J'étais plus qu'entouré et le centre de toute l'attention, pourtant je crois ne jamais m'être senti aussi seul de toute mon existence.

Sous mon nez se présentait une assiette, composée de haricots verts et d'un steak haché déjà froids.

– J'espère que tu aimes les haricots verts, David ? Je vous présente donc David, un nouveau parmi nous. Il ira dans la chambre qui est actuellement inoccupée. Lequel des trois garçons veut dormir avec lui ?

– Moi ! s'empressa de répondre un jeune garçon à la peau couleur caramel.

Il se prénommait Mickaël et était d'origine martiniquaise. Les deux autres garçons du groupe étaient Alain, un jeune garçon blond qui peinait à formuler ses mots correctement et qui exprima son mécontentement pour avoir répondu moins vite que Mickaël, et Phi, un jeune garçon d'origine vietnamienne.

Une jeune fille assise non loin de moi me dévisageait plus encore que les autres. Mais son regard insistant ne me gênait pas, il était accompagné d'un sourire réconfortant, et son visage chaleureux m'était étrangement familier. C'était un vrai rayon de soleil. Elle me demanda d'une voix douce :

– On se connait pas toi et moi ?
– Si, tu me dis quelque chose… on était en maternelle ensemble ?
– Oui, je crois que c'est ça…
– Claudine ?
– Nan, j'étais pas dans la classe de Claudine…
– Vincent ?
– Oui, c'est ça ! On était chez Vincent ensemble !

Omar fut amusé par une telle coïncidence.

Après le repas, l'ensemble des enfants du groupe jaune est retourné à l'école, pendant que je passais l'après-midi avec une éducatrice qui prenait son service : Annick.

J'étais arrivé sans aucun autre vêtement que ceux que je portais sur le dos, la Brigade des Mineurs ne nous avait pas vraiment laissé le temps de faire nos bagages, même si, il faut l'admettre, réussir à trouver chez mes parents de quoi se changer pour plusieurs jours aurait relevé de l'exploit. Sans parler du simple fait de parvenir à trouver des chaussettes non dépareillées... Annick essaya donc du mieux qu'elle put de me constituer une garde-robe temporaire avec les quelques vêtements sans propriétaire qu'elle trouvait dans le dressing collectif.

Les enfants rentrèrent de l'école, et on enchaina alors goûter, devoirs, douches collectives – non mixtes bien évidemment –, dîner et coucher.

Ma première nuit loin de mes parents. De mon frère. De mes sœurs. Malgré la fatigue, j'eus énormément de mal à trouver le sommeil. L'angoisse me maintenait éveillé. Je tournais sans arrêt dans des draps trop rêches parce que propres et qui, donc, ne sentaient pas mon odeur, mon chez-moi. Je sombrais, puis me réveillais aussitôt, regardant les alentours, me demandant si ce n'était pas un cauchemar. Le poids de l'air, l'ambiance, le silence m'indiquaient que je ne rêvais pas. Au fond de la chambre, je pouvais distinguer un miroir mural au-dessus d'un petit lavabo et dans lequel se reflétait la lumière des lampadaires extérieurs qui filtrait à travers les volets. Cette petite source lumineuse me permettait de distinguer presque imperceptiblement les contours du mobilier, qui se détachaient dans la pénombre : un petit bureau, une chaise, un lit vacant, et un grand mur paravent destiné à donner un semblant d'intimité, les chambres étant dépourvues de porte.

Tout à coup, un grand bruit me fit sursauter. La porte de l'issue de secours qui donnait sur l'escalier principal venait de s'ouvrir brusquement, des bruits de pas très lourds accompagnés d'une respiration tout aussi pesante suivirent. Je cessai de bouger. Complètement. Faisant mine de dormir. Les pas s'approchèrent. À travers mes paupières, qui avaient décidé de me trahir de nouveau en se mettant à trembler, je devinais le faisceau d'une lampe braquée sur mon visage. Puis, le faisceau se déplaça en direction de Mickaël qui dormait à poings fermés dans le lit d'à côté, marqua une pause, et fit demi-tour pour laisser de nouveau place à l'obscurité. Les pas et la respiration s'éloignèrent, semblèrent inspecter chaque chambre de l'étage, puis s'en allèrent par la porte d'entrée, à l'opposé.

Le lendemain matin, c'est Omar qui vint nous réveiller :

– Alors, David, t'as bien dormi ? T'as l'air fatigué !
– Y'a quelqu'un qui est venu me réveiller, il m'a éclairé avec sa lumière.

– Ah ! Ça c'est le veilleur de nuit. Toutes les nuits il passe voir si tout va bien.

Et effectivement, toutes les nuits qui suivirent, sans exception, il était au rendez-vous. J'en viendrais à penser par la suite que le veilleur de nuit devait être persuadé que tous les enfants avaient un sommeil de plomb, à sa manière d'effectuer sa ronde. Tel un soldat d'élite, il pénétrait à l'étage presqu'en enfonçant la porte, marchait bruyamment avec ses lourdes Rangers, sa respiration était profonde et bien audible comme si elle eut été obstruée par une cagoule et il balayait la pénombre de sa puissante lampe-torche qui semblait fixée à son fusil de chasse tactique. Et pour couronner le tout, lorsque j'entrouvrais parfois les yeux, une main calée sur le front, ébloui par cette soudaine et puissante lumière blanche, pour lui signifier qu'il venait de me tirer du sommeil, il ordonnait, presque étonné de me trouver éveillé : « Allez, allez, faut dormir maintenant ! »

Après le petit-déjeuner, je fus conduit dans l'école du foyer, dite « école interne ». Située derrière le bâtiment principal, elle n'était constituée que d'une cour de récréation avec un petit terrain de football, et de trois ou quatre salles de classe au rez-de-chaussée d'un bâtiment en forme de L. Les deux autres côtés du carré étaient constitués par l'aile abritant les bureaux administratifs et un haut grillage qui nous séparait d'un foyer pour jeunes travailleurs.

J'eus le plaisir de retrouver Vincent dans cette cour. Nous nous sommes approchés l'un de l'autre, et n'avons rien dit pendant quelques secondes. J'avais les yeux mouillés, à la fois à cause du froid et de l'émotion. Vincent semblait plus détendu que moi. Pas forcément indifférent, mais plus fort. Je lui fis part de mon intention :

– Une chose est sûre, ce week-end, je dis à papa que je reviendrai pas ici !
– Ouais, c'est clair ! confirma-t-il.

Alain nous a alors rejoints, et décida unilatéralement que j'étais son pote. Il m'attrapa par l'épaule, me serra contre lui et se mit en marche. Je le suivais, contraint. Il me racontait les histoires de Batman et du Joker (que je ne connaissais absolument pas à l'époque) avec un défaut d'élocution tel que je ne comprenais pas à un traitre mot de l'histoire.

Les yeux toujours aussi larmoyants j'arborais un sourire figé, je voulais lui laisser croire que j'étais passionné par son histoire, mais mon esprit était à des kilomètres de l'homme chauve-souris. Je ne parvenais toujours pas à encaisser le fait de me trouver là et j'aurais donné cher pour qu'on m'extirpe sur le champ de cet endroit. Chaque fois que nous passions à proximité de Vincent, il devinait le désarroi sur mon visage et pouffait de rire dans son coin. Puis, la cloche annonçant le début des classes a retenti. Sauvé.

Au moins, j'étais dans la même classe que Vincent. Je me suis de nouveau aimanté à lui, et nous sommes entrés dans la salle où nous attendait Claude, l'instituteur.

Tout au long de cette première journée, il nous donna à Vincent et moi un certain nombre d'exercices : des mathématiques, de la grammaire, de la conjugaison et même changer l'heure sur une horloge. Chaque fois qu'il venait inspecter notre copie, sa moue approbatrice nous confirmait que nous avions réussi l'exercice. Les autres enfants semblaient bien en peine pour venir à bout de ce qui leur était demandé.

Vint ensuite l'exercice de lecture, pendant lequel nous étions invités à lire à tour de rôle. La lecture n'était pas le point fort de Vincent. Là où la mienne était plutôt fluide et aisée, lui butait sur les mots et devait recommencer sa phrase à plusieurs reprises. D'autres élèves étaient pourtant bien plus en difficulté, comme Alain, qui utilisait une technique associant un geste à chaque syllabe, ce qui rendait sa lecture hachurée, et un brin comique.

En fin de matinée du jour suivant, le samedi, Claude vint nous annoncer à Vincent et moi que nous ne pouvions pas rester dans sa classe. Notre niveau étant bien supérieur à celui de nos camarades, nous allions donc rejoindre, dès le lundi suivant, une école externe au foyer. En ce qui me concernait, il pouvait bien planifier tout ce qu'il voulait, je n'avais aucunement l'intention de remettre les pieds ni dans sa classe, ni a fortiori dans ce foyer.

Le samedi (le jour de la semaine qui allait devenir pour moi un jour saint), était le jour de la délivrance. Papa allait venir nous chercher, et nous emmener loin de ce lieu maudit. À quatorze heures, il était au rendez-vous. Il nous attendait dans l'enceinte du foyer, blouson en cuir sur le dos, mains dans les poches, mais seulement à quelques pas de la loge du gardien, qui se situait juste derrière le grand mur d'enceinte. C'est ici que les parents devaient attendre leurs enfants, il ne leur était pas permis d'aller plus loin.

Pour ce premier retour en famille, nous avons été accompagnés par l'adjointe de M. Péron. Notre silence mutuel l'a surprise : « Vous ne dites pas bonjour à votre papa ? » Vincent et moi nous sommes regardés et avons esquissé un sourire gêné (« Bonjour à papa ? Ça serait bien la première fois ! ») Puis nous sommes rentrés à la maison, à l'arrière de son utilitaire professionnel, assis sur une montagne d'outils, comme nous en avions l'habitude depuis tous petits. L'odeur de plâtre et de métal, mélangée à celle de mon père, était rassurante.

Le week-end fut triste et angoissant. Dehors, le ciel était gris pâle, presque blanc, et semblait s'étaler à l'infini. L'air était froid et sec. Papa était reparti aussitôt après être allé nous chercher et nous avoir déposés à la maison à tour de rôle. Nous étions tous regroupés avec maman dans la chambre parentale, dans cette ambiance presque irréelle. Delphine mettait de la musique sur sa chaîne hi-fi. À cette époque, le rap commençait doucement à se faire une place dans le monde musical et c'est aux sons de Benny B et Technotronic que nous pleurions et racontions à tour de rôle les événements des deux jours précédents, à quel point « c'était nul ! » et que nous ne voulions pas y retourner.

Le temps s'égrenait inexorablement, et un week-end de moins de quarante-huit heures passait bien vite. Le dimanche soir s'est pointé en un clin d'œil et mon père, qui n'avait aucunement l'intention de tenir tête une nouvelle fois à la justice, nous a tous raccompagnés à tour de rôle avec son Berlingo dans lequel il faisait aussi froid qu'à l'extérieur. Quatre destinations différentes. Il prenait le temps de déposer d'abord les deux plus grandes de ses filles, Sylvie et Delphine, puis repassait au domicile pour prendre les trois enfants restants.

Quand il nous a raccompagnés ce soir-là, la nuit était profonde et noire, les lampadaires électriques de la rue de Ménilmontant déposaient sur les trottoirs blanchis par le froid une lumière terne et jaunâtre, conférant au décor un aspect irréel. Je restais plongé dans un mutisme qui se voulait éloquent, espérant par-là que papa mesure l'ampleur de mon désarroi et, dans un élan de justice et d'amour paternel, décide de faire demi-tour et nous emmener le plus loin possible. Partir vivre au Portugal aurait pu être une solution tout à fait envisageable pour moi, et je me demandais si papa y songeait lui aussi. Nous aurions pu commencer une nouvelle vie, dans ce pays où nous semblions tous plus heureux, et laisser la France et son système de protection de l'enfance s'occuper de cas bien plus désastreux que le nôtre. Mais il n'en fit rien. Face à la souffrance de ses enfants, il restait lui-même bien souvent muet, ou bien prodiguait des conseils maladroits et finissait, désemparé, par céder à la colère.

De retour dans le lit qui n'était pas le mien, j'eus de nouveau un mal fou à trouver le sommeil, l'odeur des draps propres me rappelait sans cesse que je n'étais pas chez moi. De plus, le lendemain matin m'attendait une nouvelle épreuve.

Peu d'enfants du foyer avaient un niveau suffisant pour rejoindre une école « normale ». Dans mon groupe, nous n'étions que trois : Phi, qui fréquentait l'école des Pyrénées, une jeune fille prénommée Aïcha, et moi-même, qui allions à l'école de la Mare. Le premier matin, Annick, l'éducatrice qui avait dû me trouver de quoi me vêtir la semaine d'avant, fut de nouveau confrontée à cette tâche, mais de manière plus urgente, puisque nous étions attendus. « Mais c'est pas possible, ils t'ont rien donné à apporter comme vêtements tes parents ? »

La réponse était : non. Au cours du week-end, mon père, faussement résigné, avait même annoncé haut et fort à propos de notre placement : « Ça me fera faire des économies ! », comme s'il était parvenu à prendre assez de distance avec les événements pour y voir le bon côté des choses. Cette remarque destinée à dissi-

muler maladroitement sa peine signifiait aussi :
« Vous avez voulu prendre mes enfants ? vous en assumerez toutes les conséquences et donc le moindre de leurs besoins ! »

Annick attrapa alors à la hâte les uniques pièces qui pouvaient m'aller à peu près » Allez, hop ! Ça, ça fera très bien l'affaire ! » Je dû me résoudre à partir pour l'école avec un pull marin bleu, trop grand, et un jean rouge carrément étriqué. Dans la rue qui descendait raide vers l'école de la Mare, je me déhanchais péniblement derrière Annick, tel un cowboy qui viendrait de sauter dans l'abreuvoir. J'avais de nouveau les yeux larmoyants et la goutte au nez, à la fois par peur du changement et honte de mon accoutrement.

Ma nouvelle institutrice se nommait Mme Berthe. La cinquantaine, cheveux courts, mince, nerveuse et vêtue d'un tailleur. Elle portait maquillage et bijoux, parlait vite, fort et savait aussi bien nous faire rire qu'imposer la crainte.

Elle me faisait penser à un comique désenchanté, capable de faire une grimace digne de Jim Carrey avec modulation de sa voix, et l'instant d'après, péter une durite sur un élève. Elle pouvait perdre son calme en un rien de temps, à tel point qu'un jour, elle décocha une double baffe à un de mes camarades de classe dont la violence cassa le fil orthodontique de son appareil qui alla se planter dans sa joue.

Ma dégaine de clown pour mon premier jour et mon arrivée tardive dans cette classe, alors que les autres élèves avaient eu le temps de faire connaissance les uns avec les autres, ne manquèrent pas d'attirer l'attention. Tous me dévisageaient comme si j'eus été une bête de foire, et LA question finit fatalement par tomber :

– Pourquoi t'es habillé comme ça ?
– Parce que je suis dans un foyer, et c'est eux qui ont choisi mes vêtements, répondis-je en toute honnêteté.

C'est de Christophe que l'interrogation émanait. Pour son âge (nous étions en CM1) – et de mon point de vue d'enfant – Christophe avait un certain charisme, avec sa veste en cuir noire, ses cheveux blonds coiffés en brosse et ses yeux bleus, il était un peu le loubard solitaire de l'école. Il n'avait qu'un ami, un homologue qui n'était pas dans la même classe. En dehors des temps de récré pendant lesquels les deux plus respectés de l'école se rejoignaient, il ne se liait ni ne parlait à personne. Plus tard, certainement à cause de mon statut un peu marginal, il se prendra d'affection pour moi.

Une première semaine dans cette nouvelle école s'écoula, et arrivé au week-end suivant je ne m'étais toujours pas résigné à rester plus longtemps dans le foyer. C'était décidé, une fois chez moi de nouveau, je n'en repartirais plus. J'avais échafaudé un plan : je ne ferais pas les devoirs qui nous seraient demandés pour le lundi suivant. Je pensais, bien évidemment à tort, que ça pouvait convaincre mon père de ne pas me raccompagner.

Et le dimanche soir, peu après le dîner, quand il perdit patience face à mon refus de préparer mon départ, j'éclatai en sanglots tout en dévoilant : « J'm'en fous, toute façon j'ai pas fait mes devoirs ! » Cet acte symbolique et de désespoir de son enfant provoqua en lui une profonde tristesse. C'est en tout cas ce que je crus lire dans son regard, là où je pensais trouver de la colère. Dans la voiture, il tenta à nouveau de comprendre :

– Pourquoi t'as pas fait tes devoirs, alors ?
– Parce que je voulais pas y retourner !
– Mais, même si t'y retournais pas, ça t'empêchait pas de faire tes devoirs, si ? L'école et le foyer, ce sont deux choses différentes !

Je restai silencieux, mâchoire serrée, gorge nouée... Tout au long de cette année scolaire, je pris l'habitude de ne faire que rarement les devoirs qui nous étaient demandés. Comme un acte de rébellion inconscient, une pulsion, un geste que je ne maîtrisais pas, je rentrais des cours plus tôt que les enfants de l'école interne, et je déchirais les pages de mon cahier de texte pour ne laisser aucune trace, d'autant que les éducateurs contrôlaient tout. Malgré l'agacement de Mme Berthe, je me refusais à fournir des efforts en dehors du temps de classe. L'évaluation de fin de trimestre étonna d'ailleurs les éducateurs : « Très bon élève, sérieux. Obtiens de bons résultats et rend des devoirs de qualité… lorsque ceux-ci sont faits ! »

La jeune fille qui partageait mes trajets vers l'école de la Mare, Aïcha, avait les cheveux très courts, des yeux noirs profonds et la voix un brin cassée. Elle avait un tic qui consistait à donner un petit coup de tête furtif de temps en temps, qui était apparu, me dit-elle, après un torticolis survenu quelques années auparavant.

Au cours des premières semaines au foyer, un beau jour, alors que nous rentrions de l'école pour le déjeuner, elle me prit par la main. Sentant que je tentais de me dégager, elle affirma avec beaucoup de conviction : « C'est Omar qui a dit qu'on devait se tenir par la main pendant les trajets ! Si tu le fais pas, je vais être obligée de lui dire… » J'avais un peu de mal à la croire, mais je n'avais pas trop envie de tenter le diable, je laissai alors ma main dans la sienne. Le trajet me parut interminable. Je regardais le sol, gêné, et quand nous croisions des passants, je ne pouvais m'empêcher de remarquer qu'ils souriaient. Pénétrer dans l'enceinte du foyer ne lui fit pas lâcher prise pour autant et nous sommes tombés nez à nez avec Annick, qui, bien entendu, s'est empressée de le rapporter à Omar :

– Tu sais que David et Aïcha sont rentrés en se tenant par la main ?

– Ah bon ? C'est vrai ça ? demanda-t-il, un sourire taquin aux lèvres.

Je ne répondis rien... mais j'étais désormais sûr qu'elle ne m'y reprendrait pas.

Un soir, après les cours, un jeudi, en attendant que les élèves de l'école interne ne rentrent à leur tour, je m'installai devant le petit bureau dont chaque chambre disposait pour y faire mes devoirs (ça m'arrivait tout de même de temps à autres). Les lieux étaient calmes. Un petit soleil de fin d'après-midi entrait timidement par la fenêtre. Tout à coup, Aïcha pénétra dans ma chambre et ordonna : « Ferme les yeux ! » Je m'exécutai sans réfléchir, abaissant mes paupières. « Plus fort ! » Je plissai carrément les yeux, et sentis aussitôt un baiser se déposer rapidement et de manière un peu brusque sur mes lèvres. Surpris, et légèrement déséquilibré par son geste qui manquait quelque peu de douceur, je lâchai un cri de protestation. Elle rit tout en s'enfuyant par le couloir.

J'étais à la fois choqué et flatté. Je ne savais que faire de ce qui venait de se produire. Et puis tout à coup, galvanisé par toutes ces petites choses mises bout à bout : les devoirs qui se terminent, le soleil, le baiser, le fait qu'on soit un jeudi... je me levai de ma chaise et me mis à danser tout en me regardant dans le miroir situé au-dessus du petit lavabo de la chambre. Je chantais et souriais, et en vins presque à me faire rire moi-même, euphorique.

Les jours de la semaine revêtaient chacun une importance particulière. Plus on s'approchait du samedi, plus j'aimais le jour en question et plus on s'en éloignait, moins j'avais le moral. Ainsi, le lundi était le pire jour de la semaine. Le mercredi était un jour neutre, une transition, d'autant que c'était le jour sans école, le jour des sorties, pendant lequel on pouvait jouer et rire avec ses camarades de groupe, en plus de découvrir de nouveaux lieux et activités. Le jeudi commençait à sentir bon. Quant au vendredi, il était presque plus intense que le samedi, je ressentais une douce exaltation rien qu'à l'idée de ce qui m'attendait le lendemain : le retour chez mes parents. L'attente qui précède un événement heureux sur le point de se produire est toujours plus excitante que l'événement en lui-même.

Le décompte des jours qui me séparaient du week-end était pourtant loin d'être une de mes particularités. Tous les gamins semblaient vivre dans l'attente du week-end et étaient soumis aux fluctuations de moral qu'elle engendrait. Bien évidemment, sans inclure ceux qui pour moi étaient les plus malchanceux puisqu'ils ne quittaient jamais l'enceinte du foyer : les sans famille, ou ceux dont les parents étaient tellement défaillants que, par mesure de protection, l'ASE leur interdisait tout contact avec ces derniers…

Après l'école, nous avions parfois la possibilité de jouer dans la cour du foyer, ce qui nous permettait de côtoyer les enfants appartenant à d'autres groupes que le nôtre. Le grand espace situé à l'avant du bâtiment, où se trouvaient la fameuse pelouse à cratère, le grand chêne et l'aire de jeu avec bac à sable, grouillait d'enfants qui couraient et criaient dans tous les sens.

Un soir, j'interceptai une conversation entre un jeune enfant et un éducateur qui restera gravée dans ma mémoire. Nous étions un lundi soir, la semaine venait de commencer et le jeune le savait pertinemment. Pour autant, il demandait à l'éducateur de répondre à des questions dont il connaissait déjà la réponse, comme pour se rassurer :

– Hey, hey, dis, on est quel jour aujourd'hui ?
– Aujourd'hui ? Eh bien, on est lundi !
– D'accord, et du coup, il reste combien de jours avant le week-end ?
– Avant le week-end ? Eh bien, un, deux, trois, quatre… cinq. Il reste cinq jours avant le week-end.
– Non, mais non, alors, il en reste quatre parce qu'on est lundi soir, donc ça compte déjà plus !

Je crois que ce qui m'attendrit le plus dans cette conversation, c'est qu'au-delà du décompte des jours, je pris conscience que les petits stratagèmes que je mettais en place pour qu'il soit à mon avantage n'étaient pas propres à moi, non plus, comme le fait de considérer un jour déjà révolu passées seize heures, le mercredi comme un jour neutre, ou de ne pas compter le samedi matin, puisque le week-end commençait l'après-midi même.

Le malheur et la tristesse culminaient le dimanche soir. À partir de dix-sept heures, chaque dimanche, le week-end qui était un moment heureux passé auprès de mes parents, commençait à changer de visage. Une boule d'angoisse grossissait dans ma gorge et mon cœur battait plus fort. La tristesse grandissait à mesure que la nuit tombait et le froid hivernal me mordait les jambes lorsque nous sortions de chez nous pour nous diriger vers la voiture, puis de la voiture au foyer. Dans l'habitacle, c'était le grand silence. Magali occupait le siège avant, et Vincent et moi étions assis à l'arrière du véhicule, toujours sur un tas d'outils et de matériel de BTP mal rangés.

À chaque feu rouge, mon super héros imaginaire tentait de freiner la voiture, le combat se soldait toujours par une défaite. Les héros des films que je regardais en boucle s'y essayaient, comme Roger Rabbit ou Terminator. Arnold Schwarzenegger lui-même ne faisait pas le poids face à l'utilitaire de papa. Arrivés à destination, il nous laissait sur le trottoir, devant le mur d'enceinte et repartait accompagner Magali dans son foyer qui, tous les dimanches soir, rendait son repas tant l'angoisse lui soulevait le cœur.

Ces sentiments, tous les enfants ou presque les partageaient. Je le constatais pendant mes longues insomnies, quand je bataillais pour réprimer mon chagrin qui ne demandait qu'à exploser en pleurs et alors que certains de mes camarades de chambre n'y parvenaient pas et qu'ils tentaient d'étouffer leurs sanglots sous la couette.

Au fil des années, je discutais de cette expérience désagréable avec mes amis, et tous me confirmaient avoir eu les mêmes peines profondes. Nous avions fini par la baptiser « l'angoisse du dimanche soir ». Un sentiment qui ne nous a jamais vraiment quitté, même à l'âge adulte. Aujourd'hui encore, mes dimanches soir sont teintés de mélancolie.

Le lundi matin était comme un prolongement du dimanche soir, une traîne du cafard de la veille se faisait toujours ressentir et finissait par s'estomper progressivement au contact des élèves « normaux » de l'école et quand mon cerveau était occupé à suivre les cours.

Je me rappelle un lundi matin au cours duquel je faisais le trajet seul, sans Aïcha. Le jour n'était pas encore levé à cette heure matinale, il faisait encore très sombre et le froid de l'hiver me brûlait les mains. Je descendais la rue de Ménilmontant, l'âme dévastée par la tristesse, accompagné de la chanson de Francis Cabrel, *Tout le monde y pense*[2], qui ne faisait qu'amplifier mon tourment.

« *Même à l'arrière des arrière-cours,*
Tout le monde veut son billet retour,
D'amour, d'amour, d'amour, d'amour. »

À l'époque, je ne connaissais rien du monde, et a fortiori de Paris, la ville qui m'a vu grandir. Je n'avais

---

[2] Francis Cabrel – *Sarbacane*, 1989

pas réalisé que la distance géographique qui me séparait de mes parents était finalement très courte. La distance du cœur l'emportait.

Un dimanche soir, en nous raccompagnant, et certainement pour nous donner du courage et nous rassurer, papa nous le fit remarquer : « Mais vous savez, finalement, on n'est pas si loin de vous, entre le 19ème et le 20ème, c'est pas loin ! Regardez, c'est simple, il suffit d'emprunter cette rue, d'aller tout droit, vous changez pas de trottoir et vous tombez pile sur le marché de Stalingrad ! »

L'information n'était pas tombée dans l'oreille d'un sourd. Je savais ce qu'il me restait à faire, et ce dès le lendemain matin. En route vers l'école de la Mare avec Aïcha, selon notre habitude, nous empruntions la rue des Pyrénées, celle qui me mènerait tout droit vers chez moi ! Au moment où nous étions sensés tourner pour descendre vers l'école, je continuai tout droit. « Je prends un autre chemin ! », lui annonçai-je. Elle me regarda m'éloigner avec un petit sourire en coin, l'air d'avoir bien deviné que je manigançais quelque chose d'inhabituel.

Impossible désormais de faire demi-tour, je marchais en direction de mon chez-moi, avec en tête la chanson *It's on you*[3] de Mc Sar & The Real McCoy. Mon aventure avait un côté irréel, je n'arrivais pas à croire que j'avais eu l'audace de ne pas aller à l'école. Je me répétais incessamment « Je dois le faire, je dois

---

[3] Mc Sar & The Real McCoy – *On The Move !* 1990

le faire » comme un mantra destiné à maintenir le courage à un niveau suffisamment élevé pour ne pas me dégonfler. Ce trajet qui aujourd'hui peut être fait en une demi-heure par un adulte me parut bien long. Me voyant déambuler dans la rue avec mon cartable alors qu'il ne devait pas être loin de neuf heures, une passante regarda sa montre et me lança : « Mais dépêche-toi, tu vas être en retard ! » (« Qu'ça peut te fout', j'y vais pas à l'école ! »)

Arrivé à la maison, papa était depuis bien longtemps parti au boulot, c'est donc en toute logique que maman m'ouvrit la porte. Prise au dépourvu, et ne sachant que faire, malgré mes pleurs, elle dû se résoudre à appeler M. Péron qui lui demanda de me renvoyer au foyer. Maman n'avait jamais un sou en poche, même pas de quoi m'acheter un ticket de bus. Je dus me résoudre à faire le chemin inverse à pied, comme j'étais venu. Autant dire que j'avais pratiqué mon sport pour la journée.

De retour au foyer, je fus accueilli par Omar et M. Péron. Dans son bureau, ils m'invitèrent à m'exprimer sur les raisons de cet acte. Je fondis en larme et expliquais : « c'est parce que la juge elle dit que nos parents ils arrêtent pas de se disputer, alors que c'est pas vrai ! » En d'autres termes, et pour traduire mes propos d'enfant, je trouvais notre situation, le placement en foyers, totalement inapproprié et injuste. Je ne voyais clairement pas où était le problème chez nous, je n'avais jamais réalisé que maman était malade, profondément dépressive et n'était plus en mesure de s'occuper de nous. Je l'avais toujours connue telle qu'elle était et pour moi, nous étions, nous les enfants, les seuls fautifs. M. Fournier avait pourtant déjà essayé de m'en faire prendre conscience, en me parlant d'un ton doux et posé. Mais j'étais bien trop jeune, n'avais aucun point de comparaison, et ne connaissais absolument rien de cette maladie invisible. Tout ça, nous tous, dans la famille, n'en prendrions conscience que bien plus tard.

En attendant, M. Péron tenta à son tour de m'expliquer le pourquoi de notre placement en foyer. Ses mots ne m'atteignirent pas, comme souvent les discours des adultes lorsque j'étais gamin. Était-ce la complexité de leurs propos qui les rendait alors incompréhensibles ? Ou un manque d'attention de ma part ? En définitive, je ne retins qu'une chose : cet acte ne serait pas considéré comme répréhensible. Je retournerais à l'école l'après-midi même, avec un mot de Omar dans mon carnet de correspondance : « David a été pris de vomissements ce matin, nous vous prions de l'excuser pour son absence ». Comme quoi, les excuses les plus simples…

À partir de cet épisode, je me suis résigné. J'attendais désormais patiemment les week-ends et les vacances scolaires et voyais le retour chez mes parents comme un but lointain à atteindre et qui m'apporterait paix et félicité éternelles (j'étais alors bien loin de me douter que la réalité ne serait pas à la hauteur de mes attentes, c'est le moins qu'on puisse dire).

Je lançais parfois de petits défis au destin : le long couloir rectiligne qui s'étendait du bureau des éducateurs à la sortie de secours du groupe, et qui donnait accès aux chambres, était éclairé par toute une série de néons qui s'allumaient les uns après les autres par ordre à peu près régulier sitôt l'interrupteur enclenché. Je plaçais mon doigt dessus et lançais mon défi : « Si j'atteins ma chambre avant que tous les néons ne soient allumés, je rentrerai chez moi ».

J'actionnais alors l'interrupteur et me mettais à cavaler, les néons s'allumaient en suivant ma course « cling, cling, cling, cling » et me filant le train de très près. Parfois, je ne devais ma victoire qu'à un néon défectueux qui hésitait à s'allumer définitivement « cli... cli... cli... cling ». L'issue de ce défi était, à l'instar du décompte des jours de la semaine, toujours à mon avantage. Si je gagnais, c'était bon signe. J'allais rentrer chez moi à la fin de l'année scolaire. Si je n'étais pas assez rapide, ça ne voulait absolument rien dire. Après tout, ce n'était qu'une course contre des néons, comment son issue pouvait-elle avoir de réelles conséquences sur le cours des événements ?

Pendant cette première année, il y eu des départs et tout autant d'arrivées. Des enfants quittaient le foyer, parfois pour en changer, rentraient chez eux ou bien allaient en famille d'accueil, quand d'autres prenaient leur place. L'arrivée d'un nouveau était toujours un chamboulement dans le quotidien. Il fallait s'habituer à ces nouveaux prénoms, visages et personnalités. Mais ils finissaient bien vite par faire partie de l'équipe.

Mickaël, mon premier camarade de chambre, partit pour un autre foyer à Étampes. Je rejoignis alors la chambre d'Alain et de Phi. Ce dernier deviendrait alors mon meilleur ami (du moment). Nous étions toujours l'un avec l'autre et je déplorais le fait qu'il soit dans une autre école que la mienne, alors que nous étions tous deux des « externes ».

Et puis il y avait Malika, une jeune fille blonde aux yeux noirs et aux traits infiniment fins. Je tombais rapidement sous le charme et nourrissais pour elle des sentiments secrets. Certains hits de l'époque qui me restaient en tête, tels que *Leave me alone*[4] ou encore *I've been thinking about you*[5], se mélangeaient à mes émotions et mes sentiments, leur donnant une teinte encore plus romantique. Je priais Dieu pour que Malika tombe amoureuse de moi, ou bien je faisais la course contre les néons.

J'étais pourtant loin d'être le premier à avoir été envouté par sa beauté. Beaucoup de garçons du foyer étaient séduits, Phi le premier, à qui j'avais fini par faire cracher le morceau : « Pourquoi tu fais toujours ton intéressant quand y'a Malika ? T'étais pas comme ça avant ! Allez, admets-le, t'es amoureux d'elle ! » Il appuya ses mains sur son casier puis sa tête sur ses mains et confessa d'un « oui » presque inaudible. Il

---

[4] Michael Jackson – *Bad*, 1987
[5] Londonbeat – *In the Blood*, 1990

craignait certainement que cet aveu ne se retourne contre lui.

Être amoureux quand on est enfant s'avère souvent peu confortable, ce sentiment s'accompagne de honte, on se sent transporté, mais on ne sait pas trop comment le gérer ni même comment l'exprimer, d'autant plus en ayant grandi au sein d'une famille qui ne valorise pas l'expression des émotions. Mieux vaut le garder bien caché au fond de soi. Qui plus est, si d'autres l'apprennent, ça peut vite tourner au chantage ou à la moquerie. Pour le rassurer que telle n'était pas mon intention, je confessais à mon tour : « Mais t'as pas à t'en faire tu sais ! Parce que moi aussi ! »

Nous sommes partis dans un fou rire mémorable, qui nous reprenait chaque fois que nos regards se croisaient une soirée durant. Mais qu'allions-nous faire alors ? Il fallait bien le lui avouer à elle, qu'elle sache et qu'elle nous fasse savoir en retour si ses sentiments étaient réciproques. J'eus une idée brillante qui, en plus, me faisait courir moins de risque qu'à Phi : « Je sais ! La semaine prochaine, je pars en voyage scolaire à Annecy pour une semaine, on a qu'à lui laisser un mot sous son oreiller et on lui pose directement la question ! » Phi acquiesça sans aucune réticence. Nous avons alors décidé de lui laisser cette note :

« Malika,
Nous sommes amoureux de toi.
Es-tu amoureuse de l'un de nous ?

Entoure la réponse : Oui – Non

_ Phi & David »

Cette visite d'Annecy, à l'occasion d'un stage en dessin d'animation organisé par Mme Berthe, fut un voyage marquant pour moi. Les sentiments d'amour pour Malika qui m'accompagnaient, la douce chaleur du printemps qui m'enveloppait, la beauté d'Annecy et de ses environs, de la nature, sans parler de l'activité en elle-même, le dessin, qui était un de mes hobbies préférés, tout cela a fait de ce voyage un moment heureux de mon enfance.

Les chalets dans lesquels nous dormions étaient entourés de collines verdoyantes. Après le stage d'animation, au cours duquel nous avons appris à réaliser un petit dessin animé, nous jouions dans l'herbe constellée de marguerites, au milieu d'envolées de nombreux papillons.

Pour couronner le tout, Christophe, le loubard de l'école de la Mare, affichait désormais clairement son amitié pour moi. Même son acolyte n'en revenait pas : « Pourquoi tu traines avec ce bouffon ! » disait-il, tout en s'approchant de moi et en me regardant de haut. Christophe, pour ma défense, s'interposait entre lui et moi. Une scène héroïque et digne d'un film pour préado, où le bad boy au grand cœur sauve un frêle gamin des coups d'un malfrat, quitte à mettre en péril son amitié avec ce dernier.

Dans le car qui nous y avait menés, la chanson *Wind of change*[6] du groupe Scorpions passait en boucle à la radio et exaltait mes sentiments d'amour. J'espérais plus que tout au monde que celui de Malika soit réciproque. Parfois, j'étais pris de doutes « Mais pourquoi on a fait ça ? Et si finalement c'est Phi qu'elle préfère ? Et si les éducateurs l'apprennent et qu'on devient la risée du groupe ? »

À la fin du séjour, nous nous sommes rendus dans une boutique de souvenirs, l'occasion pour les élèves d'en acheter un pour leurs parents. Voyant que j'étais le seul enfant qui n'avait pas un sou en poche, Mme Berthe me prit en pitié et m'autorisa à en choisir un, qu'elle paya de ses propres deniers. Je choisis une colombe en porcelaine dont les ailes changeaient de couleur, du rose au bleu en fonction de la température ambiante, que j'offris à ma mère.

De retour à Paris, je m'empressai de retrouver Phi pour entendre le verdict tant attendu : « Alors ? ». Sans un mot, il fit non de la tête, un air déçu sur son visage.

– Non ? T'es sûr ? Pour aucun de nous deux ?
– Oui, elle a rendu le mot, avec le « non » entouré !

J'étais également déçu, mais pas anéanti. Je redoutais désormais le moment où je la croiserais de nouveau. Nous qui avions l'habitude de chahuter, nous

---

[6] Scorpions – *Crazy World*, 1990

taquiner l'un, l'autre, avoir dévoilé mes sentiments allait-il changer notre relation ?

Plus tard, alors que nous étions rentrés des classes et sur le point de passer à table pour le déjeuner, elle interrompit d'un geste mon avancée dans le couloir, attendit patiemment que tous les autres soient hors de vue et exigea de ma part un baiser, en pointant sa joue de son index. Au moment où mes lèvres allaient se déposer sur l'endroit indiqué, elle tourna la tête volontairement, de sorte que le baiser fut déposé sur ses lèvres. J'étais aux anges. Et ce scénario se répéta plusieurs fois. Je m'attendais désormais à ce qu'elle tourne la tête au dernier moment, ce qu'elle faisait, mais elle continuait tout de même de demander un baiser sur la joue en premier lieu. Sûrement pour masquer son intention et laisser croire que le contact avec les lèvres était accidentel, me disais-je.

Toutes les opportunités étaient bonnes pour établir un contact physique avec moi, comme simuler une torsion de la cheville sur le chemin, au retour d'une activité, et prendre mon épaule pour appui.

La vie au foyer était très rythmée du lever au coucher, il suffisait de suivre les rails posés par l'équipe éducative et tout roulait. J'étais décrit comme un jeune introverti, à qui on pouvait faire confiance, mais qui avait du mal à accorder la sienne aux adultes et qui n'entrait en contact avec eux que pour des questions d'ordre pratique. J'étais plutôt sage et obéissant, mais aussi taquin et moqueur. Les temps de repas s'y prêtaient très bien. Ils constituaient des moments conviviaux pendant lesquels nous étions tous réunis, pouvions aborder des sujets divers et variés, et s'y produisaient parfois des événements drôles, surtout pour des enfants : des haut-le-cœur, des vomis dans l'assiette ou des dissimulations de nourriture sous la table…

Il y avait toujours au minimum un repas dans la semaine qui s'avérait être un véritable calvaire. Je ne cessais de me demander où le cuistot allait chercher des idées pareilles, des ingrédients ou des plats que je découvrais pour la première fois, et pas pour mon plaisir : choux de Bruxelles, poireaux, endives béchamel, salsifis… Je voyais mes camarades engloutir leurs assiettes en un rien de temps, parfois en grimaçant légèrement au passage, pendant que je galérais, découpais le contenu de mon assiette en tous petits morceaux que je mettais une demi-heure à mastiquer, non sans avoir quelques nausées au passage. Au moins chez papa et maman, si tu ne voulais pas, rien ne t'obligeait à manger ! Les éducateurs ne le voyaient pas de cet œil. Lorsque je jugeais qu'un plat était vraiment infâme et que je refusais de le manger, ils me le reservaient au repas suivant, puis au repas d'après, et ainsi de suite jusqu'à ce qu'il ait un aspect tellement répugnant qu'ils finissent par capituler.

L'été arriva, annonçant la fin de l'année scolaire, et au fond de moi demeurait une certitude : il marquerait aussi la fin du placement. Une audience avec

Mme Tardieu était prévue afin de réaliser un bilan de cette première année. Je l'attendais avec empressement et une certaine dose de confiance, nous avions pu prouver tout au long de cette année que nous étions capables de prendre soin de nous, nous vêtir, nous laver, être ordonnés, obéissants, cesser les crises. Nous avions compris la leçon ! Mme Tardieu n'avait plus qu'à faire preuve de clémence, et nous pourrions tous regagner le foyer familial. En tout cas j'y croyais dur comme fer. Mme Berthe, suivie par l'ensemble des élèves de ma classe, m'adressa de chaleureux encouragements lorsque j'annonçai devoir m'absenter un après-midi en vue de cette réunion tant attendue et du jugement qui s'ensuivrait.

Le jour J, tout le monde était au rendez-vous : papa, maman, mon frère, mes sœurs, le marbre, les bancs en bois, le chien en puzzle, Le Greffier... et Mme Tardieu.

Elle nous avait convoqués à la demande de mes parents, par l'intermédiaire du Service Social de l'Enfance, représenté par M. Fournier et Mme Renaud qui poursuivaient, de temps à autres, leurs visites à domicile. Le but de ces visites était notamment de jauger les évolutions familiales, plus particulièrement les améliorations apportées à l'appartement en termes de propreté et de confort, mais aussi, et surtout, d'essayer de faire prendre conscience à maman qu'il était dans l'intérêt de ses enfants qu'elle prenne enfin soin de sa santé mentale.

Elles n'étaient plus aussi suivies et régulières qu'avant notre placement. L'une d'elle avait pourtant bien failli avoir de lourdes conséquences pour ma famille… Un samedi après-midi, mon père venait tout juste de nous déposer à la maison après qu'il était allé nous récupérer au foyer, et était reparti dans la minute, sans doute retrouver des amis ou un membre de sa famille, son bol d'air hebdomadaire. Sitôt la porte d'entrée refermée, maman m'interpella : « Viens, David ! Viens voir ce que ton père a fait à la belle table que mon père m'avait offerte ! » Elle souleva la nappe pour dévoiler une entaille de quatre centimètres dans le bois épais, qui avait vraisemblablement été transpercé par un objet tranchant. Elle poursuivit : « Fournier l'a accusé d'avoir touché à ta p'tite sœur ! Tu t'rends compte ? Il était dans une rage folle, il a pris son plus gros couteau et a voulu le planter dans la main de Fournier qui était posée sur la table ! Il a écarté sa main au dernier moment… après ça, je l'ai plus entendu, il était blanc comme un linge ! » Tout en me racontant cette histoire, elle caressait délicatement la table de son défunt père à l'endroit où le couteau avait laissé une cicatrice indélébile, comme s'il s'était agi d'une blessure personnelle qu'elle aurait pu gommer, estomper de ses gestes tendres jusqu'à complète disparition.

Quelques jours auparavant, Magali avait été hospitalisée pour un bilan de santé, mais surtout parce que l'équipe éducative trouvait sa maigreur inquiétante. Il est vrai qu'elle était aussi chétive qu'une petite crevette et son très jeune âge renforçait davantage cette impression de carence, de maigreur pathologique, mais toute la famille, à l'exception de papa, avait un gabarit comparable, nous étions tous très fins et secs, la peau proche des os. Nous tenions ça de maman, qui s'était toujours vantée d'avoir été « mince comme un clou », avant que les psychotropes ne la fassent doubler de volume.

Les examens médicaux réalisés sur Magali révélèrent des égratignures et irritations au niveau de sa vulve, les médecins évoquèrent donc dans leur rapport l'hypothèse de l'atteinte sexuelle. Il n'en fallut pas plus à M. Fournier pour en tirer des conclusions hâtives et proférer des accusations sans fondement à l'encontre de papa, qui devait déjà porter péniblement sa part de responsabilité dans notre placement. S'il admettait certainement avoir failli, non sans culpabilité, à notre éducation, se voir accusé d'avoir porté atteinte sexuellement à sa plus jeune fille, alors qu'elle ne vivait plus sous son toit, fut l'étincelle qui mit le feu aux poudres.

Après cette altercation, je n'entendis plus jamais parler de cette histoire, ni de M. Fournier et sa consœur aux cheveux blancs, et les visites cessèrent définitivement.

Dans le bureau de Mme Tardieu, papa se lança dans un touchant plaidoyer en notre faveur, verbalisant pour la première fois l'amour qu'il nous portait, soulignant le caractère disproportionné des mesures de placement.

La Juge pour enfants l'écoutait, comme nous tous, il était le centre de toute l'attention. Le Greffier notait le moindre de ses mots, déplaçant ses doigts agiles sur la sténotype. Malheureusement, le jugement rendu ce jour viendra briser tous nos espoirs de retour à domicile : les placements allaient se prolonger au minimum pour une année scolaire de plus.

[Il a été indiqué aux parents des mineurs, que si l'affection qu'ils portent à leurs enfants est indiscutable, ils ne sont pas à même, de par la dépression de la mère, et le comportement de fuite du père, d'assurer les responsabilités qui leur incombent et de fournir la sécurité affective et matérielle dont les enfants ont besoin pour grandir ; qu'un retour serait donc dangereux pour leur équilibre.]

« Oh, zuuuuuuut ! », s'exclama Mme Berthe, lorsque le lendemain matin je fondis en larme à la question : « Alors ? cette audience ? », devant la mine déconfite d'une classe entière.

Mme Tardieu nous autorisa tout de même à passer les deux mois des vacances d'été en famille. Papa lui en fit la demande afin que nous puissions partir au Portugal comme à notre habitude. C'était un rituel, une tradition, et s'il était question de tout mettre en œuvre pour veiller à notre bon équilibre affectif et émotionnel, ce voyage était tout à fait approprié.

Là-bas, un jeune du village s'aperçût que mes vêtements étaient tous marqués d'une petite étiquette cousue à l'intérieur de chacun de mes vêtements : le chiffre « 7 ». J'eus beaucoup de mal à lui en expliquer la raison, non seulement parce que je ne maitrisais pas la langue, mais allez faire comprendre à un enfant ayant grandi dans un petit village reculé de la campagne portugaise que ce numéro a été cousu sur mes vêtements par la lingère d'un centre éducatif, où nous vivons désormais la semaine, pour que ceux-ci, une fois lavés, retrouvent le chemin de mon casier personnel...

Nous avions passé quasiment un mois entier dans le village de mon père, et le second mois à Paris, à la maison. La routine avait un air de l'époque d'avant foyer : nous n'avions presque pas mis le nez dehors, étions restés en pyjama le plus clair de notre temps. L'intérieur de ma bouche n'avait pas vu l'ombre d'une brosse à dents, si bien que de retour au foyer pour la rentrée suivante, mes gencives s'étaient mises à saigner au premier lavage.

J'avais atteint dix ans au mois de mai précédent, il était alors temps pour moi de changer de groupe, plus question d'être dans un groupe mixte. Je rejoignis le groupe vert, un étage en-dessous.

Cette année eu une teinte tout à fait différente de la précédente. Beaucoup de changements eurent lieu, à commencer par le changement de groupe, et donc la rencontre et la découverte de nombreux nouveaux camarades. Phi avait quitté le foyer et je ne recroiserais plus jamais sa route.

Le groupe vert était composé de garçons bien plus tapageurs que les enfants du groupe jaune, où la présence féminine permettait sans doute d'adoucir un peu le climat. De surcroit, l'équipe éducative, de manière globale, avait beaucoup plus de mal à faire régner l'ordre que celle du groupe du dessus.

Durant ma vie en foyer, j'ai pu constater que l'atmosphère d'une journée pouvait largement fluctuer en fonction des éducateurs présents. On avait tendance, bien entendu, à préférer ceux qui avaient un caractère plus doux, voire qui se laissaient parfois carrément marcher sur les pieds. Tout était plus « cool », les règles étaient plus facilement transgressées, sans risque de punition. Cela donnait parfois lieu à de joyeux bordels où les enfants hurlaient, courraient dans tous les sens, se battaient, cassaient... les pauvres éducateurs ne savaient parfois plus où en donner de la tête.

Mon quotidien au groupe vert ressemblait à ça. Hormis Nathalie qui imposait le silence et le respect, parfois à elle seule, avec son regard glacial, toute l'équipe était constituée d'éducateurs à qui il était plus facile de tenir tête. J'étais loin d'être le dernier pour les taquiner jusqu'à les faire sortir de leurs gonds, je me complaisais et m'épanouissais dans cette ambiance, d'autant que j'acceptais désormais beaucoup mieux mon placement. Je n'étais plus ce petit enfant à la mine triste, perdu et abandonné. J'étais provocateur et me donnait joyeusement en spectacle, offrant parfois un véritable show à mes camarades avec une répartie plutôt vive et bien aiguisée pour mon âge.

C'est aussi au groupe vert que j'expérimentais mes premières bastons. Un jeune éducateur nous avait initié à la boxe thaïe et j'avais, à deux ou trois reprises, sauté sur l'occasion de tester mes coups de tibias sur des camarades qui m'avaient cherché des poux. Je crois me souvenir que cet éducateur n'avait pas fait long feu parmi nous, notamment pour avoir attisé un engouement soudain pour la violence chez plusieurs gamins.

À l'inverse de ma première année de cours moyen passée au groupe jaune, j'étais un excellent élève en deuxième année. Mon institutrice était calme et rassurante. En sa présence, j'avais envie de donner le meilleur de moi-même. Je faisais toujours mes devoirs, écoutais attentivement chaque cours tout en attendant patiemment chaque week-end.

La grande nouveauté de cette année-là au niveau scolaire était que, grâce à un décret de M. Lionel Jospin, le ministre de l'Éducation de l'époque, nous n'avions pas d'école un samedi sur trois. Nous étions donc autorisés à rentrer chez nous dès le vendredi soir, ce qui changeait pas mal la donne en termes de décompte. Désormais, dès le lundi soir, il ne restait plus que trois jours, le vendredi ne comptant pas, étant le jour du départ chez les parents. Dès le jeudi soir, je commençais à sentir une douce euphorie qui se diffusait en moi toute la journée du vendredi, pendant les cours. Loin d'être négligeable, cela signifiait aussi, une nuit et une matinée supplémentaire auprès de mes parents.

Christophe n'était plus présent, ses parents avaient décidé de déménager pendant l'été. Mes deux nouveaux acolytes étaient un garçon d'origine maghrébine, Hasim, et un jeune Indien prénommé Darshan, qui maitrisait très peu la langue française et riait souvent. Tous deux avaient de grandes difficultés en classe et semblaient venir de milieux défavorisés, tout comme nombre d'enfants fréquentant cette école primaire.

Loin des yeux, loin du cœur, mes sentiments pour Malika s'étaient quelque peu estompés. J'avais, entre le groupe jaune et le vert, complètement changé d'état d'esprit. J'étais passé d'un jeune enfant timide, calme (en apparence), craintif et perdu, à un enfant plus sûr de lui, presque aussi turbulent qu'il ne l'était avant d'entrer en foyer et qui malmenait ses éducateurs. L'amour ne faisait que très peu partie de mes préoccupations quotidiennes.

Un soir, je la croisai alors que je rentrais des cours, sur le parking situé juste devant l'accès aux groupes. Elle ouvrit grand les bras de manière à me barrer la route, tenta de m'agripper par le cou, j'esquivai son geste, elle réitéra, réussit à m'attraper et resserra son étreinte :

– Pourquoi tu me snobes ? demanda-t-elle.
– J'te snobe pas, on est plus dans le même groupe, on se croise moins, c'est tout !

Cette réponse froide et dépourvue d'un quelconque signe d'intérêt envers sa personne sembla la blesser. Elle lâcha prise, puis s'éloigna, tournant ostensiblement la tête pour me chasser de son champ de vision et ainsi signifier son mécontentement.

Lors de mon séjour au groupe vert, j'eus vent d'un ou deux flirts entre elle et d'autres garçons du foyer, qui éveillèrent en moi un mélange de jalousie et de regrets…

Côté musical, cette année fut celle de la sortie du premier album du groupe NTM. Durant les week-ends, Delphine nous le faisait écouter en boucle sur sa chaine Hifi, ce qui suscita en moi un goût et un attrait pour le rap français qui ne me quittèrent plus jamais. Les instrus sentaient bon la rue et la révolution, les paroles étaient engagées et soutenaient la jeunesse défavorisée à laquelle j'estimais appartenir.

Delphine était en pleine crise d'adolescence. Elle s'était teint les cheveux en blond, portait des baggys et, à la maison, fumait des clopes en cachette dans les toilettes.

Elle était tombée dans un foyer associatif, bien loin d'être investi dans l'éducation et l'encadrement des jeunes filles qu'il accueillait. À l'âge de quatorze ans, elle se retrouva logée dans un petit appartement, à devoir gérer son quotidien en toute autonomie, complètement livrée à elle-même. Situé non loin d'un quartier sensible du 91, elle en vint à fréquenter, voire fricoter avec de jeunes banlieusards qui l'initièrent à la culture hip-hop qu'elle nous retransmettait ensuite.

Après un premier placement dans le 16ème arrondissement de Paris, Magali fut également admise dans ce foyer où la directrice en place avait détourné des fonds à son profit. Sentant que l'étau de la justice commençait à se resserrer autour d'elle, elle se paya le culot de lui demander, en toute détente : « Magali, ton père est électricien, non ? Il aurait pas quelques factures à me filer ? »

Et comme l'année précédente, j'avais attendu avec impatience la fin de l'année scolaire, pour deux raisons : les vacances au Portugal (et donc deux mois passés auprès de mes parents), mais aussi et surtout pour le verdict tant attendu de Mme Tardieu à propos de notre avenir.

Cette fois-ci ne fut encore pas la bonne ! Notre placement allait se prolonger d'une année supplémentaire. Magali, Vincent et moi arrivions tout de même à en rire, nous imitions Mme Tardieu prononcer sa sentence en frappant de son marteau de juge et annoncer avec une voix prophétique et résonnante : « Un an de plus dans les foyers ! » Bien évidemment, il n'en était rien, et son jugement était rendu dans le calme de son bureau, à huis-clos.

Ce jour-là, en plus de la prolongation du placement, une décision additionnelle fut prise : en vue de notre prochaine entrée au collège, et en raison de notre âge, Vincent et moi allions tous deux être transférés après l'été dans une autre institution, rattachée au foyer de Ménilmontant, mais située en banlieue parisienne, dans le département du 93 : l'Unité de Vie du Raincy.

Sache
Que nous étions des gosses comme les autres
Épris de liberté, les poumons gonflés de fierté

Akhenaton
"Au fin fond d'une contrée" – *Métèque et Mat,* 1995

CHAPITRE 3

« Non mais les nouveaux cette année ! Ils sont de plus en plus jeunes ! » s'exclama Stéphane en nous voyant passer le portail, mon frère, un de ses camarades de groupe et moi-même, escortés par M. Péron en personne.

Stéphane faisait partie des « anciens », ces jeunes qui étaient présents dans le foyer depuis déjà quelques années et qui nous regardaient du haut de leur quatorze, quinze, voire seize ans. Ils étaient grands, avaient du poil au menton et semblaient déjà être de jeunes adultes. Je n'étais pourtant pas le seul nouveau de onze ans qui allait faire son entrée en sixième, mais j'étais très certainement le seul à ne peser que vingt-neuf kilos tout mouillé. Ces nouveaux lieux me mettaient mal à l'aise, et je sentais que l'arrivée de nombreux nouveaux visages déstabilisait aussi les anciens.

L'Unité de Vie du Raincy était un très beau pavillon en meulière de deux étages avec un jardin à l'arrière et une école interne au fond de ce même jardin. Au sous-sol, se trouvaient les casiers à chaussures, la « salle télé », également équipée d'un baby-foot, et la lingerie. Au rez-de-chaussée, se trouvaient deux salles à manger, une pour les élèves externes, une autre pour les internes, la cuisine et le bureau du directeur. Les chambres, composées de trois à quatre lits chacune, étaient distribuées entres les deux étages. Au premier, on trouvait aussi le bureau des éducateurs.

« Ici, c'est simple, il faut apprendre à vivre en communauté, respecter les éducateurs, ainsi que vos compagnons. Ce mot, ça vient de "cum", avec, et "panis", le pain, c'est celui avec qui on partage le pain, celui avec qui on vit. Si vous faites tout ça, et que vous vous tenez à carreau, ça devrait bien se passer ! Dans le cas contraire, vous aurez affaire à bibi », conclut-il en se pointant du doigt et en tapotant son sternum. Tel fut le discours de bienvenue prononcé par le directeur du foyer, Pierre-Antoine Paoli, devant la porte d'entrée du pavillon. Nous l'appellerons « Jass ».

Ce surnom était une vraie légende. À en croire les récits des plus anciens, un de leurs camarades, qui avait quitté le foyer depuis, l'avait baptisé de la sorte. Le surnom original était Jaspion, en référence à la série télévisée japonaise dans laquelle le héros revêt une armure de combat pour vaincre ses ennemis. Un soir, après s'être fait remonter les bretelles, il marmonna : « Pour qui il se prend lui ? Pour un super héros ? C'est Jaspion ou quoi ? » Les jeunes présents partirent dans un fou rire, et le surnom fut adopté, pour être plus tard diminué à Jass, à force d'utilisation.

Tous les jeunes connaissaient ce surnom, personne ne parlait de lui en son absence en utilisant son prénom officiel. Il se transmettait de génération en génération, les nouveaux étaient rapidement mis au parfum et l'adoptaient sans poser de questions. Le plus incroyable est qu'il n'en sut jamais rien. Pourtant, les éducateurs le connaissaient, même les plus lèche-cul, et, comme avec les jeunes, les nouvelles recrues y avaient également accès. Lui qui était pourtant au courant des secrets les mieux gardés, ce sobriquet ne lui parvint jamais à l'oreille. Si tel avait été le cas, il aurait plus que certainement abordé le sujet et en aurait interdit l'utilisation.

Jass était un homme d'une cinquantaine d'années, relativement grand, pas forcément gros mais un poil bedonnant et doté d'un certain charisme. Il suffisait d'être près de lui ou de l'écouter parler pour percevoir sa force, à la fois physique et de caractère qu'il se congratulait d'avoir hérité de ses origines corses. Il avait une calvitie complète et des yeux d'un bleu glacial. La plupart du temps il portait un jean, une chemise avec un pull suspendu à ses épaules et avait un cure-dents planté dans la bouche (sans doute une habitude d'ancien fumeur). Il savait se faire respecter, voire se faire craindre, souvent en usant de sa voix sèche et limpide qui montait très haut en décibels. Lorsque je me trouvais à proximité de lui au moment où il vociférait contre quelqu'un, j'en ressentais une vibration dans toutes les cellules de mon corps.

Sa voiture de fonction, une Renault AX rouge, était reconnaissable parmi des milliers. Il n'était pas présent tous les jours ou avait des horaires décalés, ce qui nous laissait quand même pas mal de répit. On pouvait ne pas voir le bout de son cure-dent pendant plusieurs jours et, soudainement, en rentrant des cours un midi, une AX rouge garée devant le foyer annonçait sa présence.

Certains de nos camarades de classe, qui faisaient un bout de trajet avec nous après le collège, connaissaient le personnage ainsi que son sobriquet, pour en avoir longuement entendu parler. Ils avaient pris, comme nous, l'habitude de vérifier la présence du véhicule : « Tiens y'a Jass ! » disaient-il, laissant entendre « l'ambiance va être un peu plus calme et tendue pour vous », et ils avaient bien raison. Sa présence jouait un rôle primordial sur l'ambiance générale. Il ne tolérait pas grand-chose et nous avions toujours l'impression de devoir marcher sur des œufs en nous adressant à lui. Mieux valait garder ses histoires pour soi que risquer de le mettre en rogne parce que le contenu lui déplaisait d'une manière ou d'une autre. Quand il était là, le calme ou les discussions plates dominaient.

Hormis son véhicule, sa présence indésirable pouvait aussi être signalée par son odeur, un parfum légèrement musqué, ou par un sifflotement qu'il émettait entre ses dents serrées sur le cure-dent. Il était particulièrement fan du morceau *Le blues du businessman*[7] :

« J'aurais voulu être un artiiiiste
Pour pouvoir faire mon numéroooo »

Et merde... Jass est là.

Les punitions auxquelles il avait recours étaient très variées, il ne manquait pas d'imagination : débarrasser les tables des repas pendant x mois, privation d'activité le mercredi, interdiction de quitter la chambre…

Mais son chouchou, c'étaient les lignes. Il en distribuait par milliers : « Tu vas me copier cent fois / cinq cent fois / mille fois… je ne dois pas courir dans les escaliers / crier / contredire mes éducateurs, etc. » Les déclinaisons étaient infinies.

Pour ma part, j'avais eu droit, entre autres, à cinq cents fois « Je dois avoir les yeux en face des trous », pour ne pas avoir remarqué que mon sweat shirt était troué.

Les techniques inventées pour venir à bout de cette punition et la rendre moins pénible psychologique-

---

[7] Luc Plamondon / Michel Berger – *Starmania*, 1978

ment ne manquaient pas non plus : écrire les mots un par un en colonne : je, je, je, je... ne, ne, ne, ne... dois, dois, dois, dois... et ainsi de suite ; ou encore attacher deux ou trois stylos ensemble pour remplir plus de lignes en un seul mouvement. Rien de tout cela n'empêchait vraiment la douleur au niveau des muscles de la main, et il fallait s'arrêter toutes les dix lignes pour la secouer et la décrisper.

Un de mes meilleurs potes, Karim, avait eu l'idée de lancer un business de lignes. Il en écrivait à l'avance, en choisissant les plus courantes, et les proposait à ceux ayant reçu la punition contre leur argent de poche du week-end. Ou alors il proposait directement ses services de rédacteur quand il ne les avait pas en stock.

Mais la punition la plus redoutée était à juste titre la corporelle. Elle pouvait aller du simple « coco » (coup sur la tête donné avec l'articulation du majeur bien pointé), à la gifle (un grand classique), pour terminer par un vrai passage à tabac. Ce dernier était, fort heureusement, bien plus rare mais quelques-uns de mes camarades y étaient passés. Certains en étaient ressortis avec des blessures plus psychologiques que physiques, d'autres moins chanceux arboraient hématomes et coquards en prime.

Tout le monde n'était pas exposé de la même manière au risque de prendre des coups, il ne levait la main que sur ceux qui n'avaient pas de parents, ou ceux dont les parents étaient absents. Mon père faisait fort heureusement partie des plus assidus, ce qui explique sûrement, en partie, que mon frère et moi n'en ayons jamais reçu le moindre de sa part.

Il faut dire aussi que même si certains de mes potes étaient les pires canailles du foyer et que je n'étais pas si sage que je voulais bien le laisser paraître, je me débrouillais toujours pour ne jamais être au mauvais endroit au mauvais moment, ne pas me faire attraper, passer au travers des mailles du filet. Je les embobinais bien avec ma gueule d'ange, et mes résultats scolaires honorables pesaient en ma faveur.

C'est Jass en personne qui nous accompagna le jour de l'inscription au collège, mon frère et moi. Tout comme à Ménilmontant, c'est dans un collège externe que nous allions : le collège Jean-Baptiste Corot. Contrairement au précédent foyer, dans celui-ci, le nombre d'élèves internes et externes était plus équilibré. Nous étions environ vingt jeunes dans le pavillon, répartis à peu près de manière égale entre internes et externes.

Une fois de plus, on n'allait pas séparer les frères. Vincent ayant redoublé à deux reprises, et étant de deux ans mon ainé, on décida de nous inscrire dans la même classe. Pour le meilleur et pour le pire.

Nous étions tout le temps assis l'un à côté de l'autre, en tout cas dans les premiers mois. J'étais myope comme une taupe et mes verres déjà en cul de bouteille, qui dataient de Ménilmontant, ne suffisaient plus à corriger ma vue qui déclinait rapidement de mois en mois. J'étais incapable de lire au tableau, je copiais donc les cours en regardant les notes prises par Vincent.

Évidemment, la proximité, en plus de notre lien familial, favorisait les rires ou à l'inverse les petites disputes. « Dites donc les frères, vous ne vous voyez pas assez souvent pour vous faire des grimaces ? », avait vociféré la prof de sciences naturelles. Je prenais le cours tranquillement, en recopiant ses prises de notes, quand au beau milieu d'une phrase, il inscrivit sur sa feuille, sans rien changer à sa cadence d'écriture « David, tu pues de la gueule ». Agacé par son manque de sérieux, je l'imitai en prenant un faciès mongoloïde, pile au moment où la prof détournait le regard du tableau.

Dans les premiers jours qui suivaient la rentrée, il y avait toujours tout un tas de paperasse à remplir et à faire signer par les parents. Les autres élèves étaient vite au courant que nous n'étions pas « comme eux ».

– Il faut faire signer l'autorisation par vos deux parents !
– Ben, en fait on est en foyer, donc c'est le Directeur qui signe…

Ou alors :

– Comment ça se fait, les frères, que la signature sur votre carnet de correspondance ne soit pas la même ?
– Ben, en fait c'est parce qu'on est en foyer et du coup, on a pas le même éducateur référent…

Des regards interrogateurs se tournaient vers nous. Parfois certains osaient la question :

– Et du coup, ça signifie que vous avez perdu vos parents ?
– J'ai dit foyer, pas orphelinat…
– Ah d'accord. Mais qu'est-ce que vous avez fait alors ?
– J'ai dit foyer, pas centre de détention pour mineur…

Le Raincy étant une commune huppée, le niveau de l'enseignement et des élèves en général était particulièrement élevé. La plupart des élèves du foyer sortaient les rames. À part en sixième où je réussis à obtenir quatorze de moyenne générale, à la grande stupéfaction de Jass qui avait rarement vu de tels résultats chez un jeune du foyer, je parvenais à maintenir une petite moyenne les autres années. J'aimais les matières littéraires, notamment les langues étrangères, ce qui me permettait de combler mes piètres résultats dans les matières scientifiques. Les maths étaient ma bête noire. Je m'y prenais très mal et apprenais par cœur les cours, sans en comprendre la logique. Vincent, lui, galérait dans toutes les matières et n'était pas franchement motivé.

Certains professeurs avaient des manières très particulières de rendre les devoirs notés, comme celui d'histoire-géo par exemple. Il les classait par ordre croissant de notes, ce qui mettait déjà une première pression aux élèves qui ne se voyaient pas rendre leur copie dans les premiers. Celle-ci augmentait à mesure que les noms défilaient, pour atteindre le paroxysme quand la moyenne était dépassée. En dessous de la barre des huit ou sept sur vingt, c'était le désespoir. On attendait sa feuille en espérant limiter la casse le plus possible (« pitié, pitié, pas en dessous de cinq… ok, toujours pas… pas en dessous de quatre alors… ») et surtout, ne pas être le dernier. Cerise sur le gâteau, le prof ne se privait pas de commentaires désobligeants : « Ah ! Les frangins, ce qui est drôle avec eux, c'est qu'ils se complètent : il y en a un qui a dix-huit, l'autre a deux. Les deux ensembles, ils ont vingt sur vingt ! »

Petit à petit, Vincent s'exilait au dernier rang, ne prenait même plus la peine d'écrire le cours, et attendait la fin des classes la tête appuyée sur une main, pendant que je m'efforçais de rester un élève sérieux. Nos fréquentations finirent par ne plus être les mêmes, et pas seulement au collège.

Au foyer, après le goûter, nous pouvions aller en « quartier libre », une petite balade dans les rues de la ville, sans éducateur, à condition d'avoir fait tous les devoirs pour le lendemain. Les éducateurs contrôlaient nos cahiers de texte et signaient en face de chaque exercice pour attester de son exécution. Il ressemblait à un vrai carnet d'autographes bien rempli, ce qui suscitait encore les interrogations des camarades de classe.

Mon frère me maudissait car je notais toujours tout rigoureusement (contrairement à ma première année à Ménilmontant), et il m'accusait même d'ajouter sciemment des exercices qu'on ne nous aurait pas demandés : « Mais lui il kiffe tellement l'école qu'il invente des devoirs ! »

Une chose l'intéressait particulièrement : aller traîner en quartier libre et fumer des clopes avec ses nouveaux potes, les anciens, les « grands », qui l'avaient accepté parmi eux. Je ne faisais pas partie de leur cercle et n'en avais pas la moindre envie. Je n'étais encore qu'un enfant et n'était pas attiré par leur monde.

De mon côté, j'avais mes propres amis, des jeunes du même âge que moi. Il n'y avait, pour autant, pas de froid entre nous, nous n'avions tout simplement plus les mêmes fréquentations, mais l'entente était toujours là. Comme l'avaient souligné les éducateurs dans leur rapport : [David n'a pas de relation privilégiée avec son frère et s'entend bien avec tous les jeunes du foyer.]

Les anciens me chahutaient gentiment, se moquaient de ma carrure de poids plume et en venaient parfois à des démonstrations de force, mais jamais rien de très méchant, je n'étais victime d'aucune violence et cette règle était plutôt générale. À part quelques bagarres isolées, je crois que les jeunes craignaient tellement les représailles de Jass qu'ils en arrivaient rarement aux coups.

Que ce soit au foyer ou au collège, j'étais souvent réfugié dans mon imagination, rêveur. Les univers des films et jeux vidéo dont je faisais une orgie le week-end imprégnaient mon monde intérieur. J'imaginais des scénarios dans lesquels j'étais le héros, revêtu de l'armure de Samus Aran, le personnage du jeu Métroïd.

Comme j'étais de plus en plus myope et que je refusais de porter mes lunettes en dehors des cours, je vivais dans un monde quelque peu… flou. Je m'y étais habitué, et ne me sentais pas spécialement handicapé. J'étais pourtant incapable de lire un panneau publicitaire d'un trottoir à l'autre ou de reconnaître quelqu'un même à deux mètres de moi. Tous les visages qui m'entouraient étaient des visages spectraux, sans traits ni contours. Je reconnaissais souvent les gens à leur silhouette, leur gestuelle, leurs vêtements ou leur voix. Cela devait fortement favoriser mon introversion et mon retrait dans l'imaginaire, mais je n'en étais alors pas conscient.

J'attendais le week-end avec toujours autant d'impatience et me projetais dans un futur hypothétique dans lequel je m'imaginais de retour chez mes parents, libéré de la peur de Jass et des innombrables règles à respecter, la console et les films à portée de main.

À la maison, c'était la belle vie. Papa nous laissait désormais rentrer seuls avec les transports en commun, il nous suffisait de prendre un train à la gare du Raincy, en compagnie de la plupart des jeunes du foyer qui empruntaient ce même trajet, pour rejoindre directement la Gare de l'Est, puis quelques stations de métro nous séparaient ensuite du quartier Jaurès, dans le 19ème arrondissement.

Papa pouvait alors profiter de son samedi et rentrer tard le soir. Vincent non plus d'ailleurs ne rentrait plus directement à la maison, il partait chez des potes du foyer, et n'était de retour qu'en fin d'après-midi.

De mon côté, à peine arrivé chez mes parents, je me transformais en Cendrillon. Je sortais chiffons, balais et serpillère et faisais le ménage dans tout l'appartement, qui en l'espace d'une semaine semblait avoir reçu la visite d'un ouragan tropical. Il était hors de question que mes plaisirs soient gâchés par le désordre ambiant.

Après l'effort, la farandole de réconforts. Je commençais par visionner le nouvel épisode de Dragon Ball Z, que Sylvie nous enregistrait gentiment chaque mercredi. Ayant atteint la majorité, elle avait eu la « chance » d'accéder au rêve auquel j'aspirais : retrouver le domicile parental. Elle avait aussi décidé de ne pas poursuivre ses études, ne travaillait pas et passait ses journées à rêver, inerte, sur le canapé, glissant lentement mais sûrement vers une dépression qui n'était pas sans rappeler celle de notre propre mère. Maman qui, d'ailleurs, était là, sans être vraiment là. Une présence fantomatique dans l'appartement, qui se parlait à elle-même, fumant clope sur clope et jouant toujours le même disque à propos de papa qui ne rentrait pas parce qu'il était avec sa maîtresse. Nos échanges étaient réduits à néant.

La suite du programme de cette journée sacrée était de jouer à la console tout le reste de l'après-midi, ou regarder pour la trentième fois un film en compagnie de Magali, dont nous connaissions les dialogues par cœur. Le soir, je me délectais devant des épisodes de la série X-Files dont l'univers mystérieux me fascinait et nourrissait mon imaginaire. Et puis j'allais me coucher, souvent le dernier, alors que tout le monde dormait profondément. Je m'endormais en écoutant de la musique, plongé dans mon monde intérieur, la fatigue me picotant les yeux.

J'adorais les samedis. Ils commençaient par un réveil en douceur au foyer alors que je ressentais déjà une douce extase grandir en moi, et comme nous, les externes, n'avions pas cours, il n'y avait plus qu'à attendre tranquillement le début d'après-midi pour mettre les voiles vers le bonheur. Tout était plaisant, jusqu'au trajet en train qui nous menait vers la Gare de l'Est.

Le dimanche était bien différent du samedi. Papa nous préparait le petit déjeuner avec tartines et viennoiseries, puis le déjeuner avec les produits qu'il était allé acheter au marché portugais. Comme nous nous levions tard, les deux n'étaient espacés que de deux heures... nous ne faisions pas vraiment honneur à ses petits plats du midi.

L'après-midi, c'était de nouveau films et console, mais avec dans un coin de la tête, grandissant heure après heure, pour atteindre son point culminant à dix-sept heures, accompagnée par le générique de Disney Parade, présentée par Jean-Pierre Foucault, celle qui concluait chaque jour du Seigneur sans exception : l'angoisse du dimanche soir.

De retour au foyer, il fallait de nouveau se plier aux innombrables règles du lever au coucher : faire son lit, prendre le petit-déj', se brosser les dents, balayer sa chambre, partir au collège, rentrer pour la pause déj', repartir, rentrer pour le goûter, faire ses devoirs, prendre sa douche, dîner, se brosser les dents et aller se coucher. Quand nous avions la chance de ne pas être « de service » !

Un planning était établi et, à tour de rôle, nous devions mettre la table, servir le pain et l'eau pendant le repas, puis débarrasser, rincer assiettes et couverts et ranger le tout dans le lave-vaisselle, nettoyer les tables, balayer… Je détestais profondément être de service. C'était un véritable cauchemar, de l'esclavagisme. Jamais mes parents ne m'auraient forcé à faire une chose pareille ! Lorsque mon tour était venu, mon moral en prenait un sacré coup. Et puis, allez demander à une taupe de faire le ménage… les éducateurs me faisaient repasser le balai trois voire quatre fois, éventuellement finissaient par me punir après avoir perdu patience.

Des deux salles à manger, la plus grande était celle des élèves internes, si bien que c'est dans celle-ci que se déroulaient les réunions hebdomadaires. Elles avaient lieu chaque jeudi et réunissaient l'ensemble des jeunes du foyer, de l'équipe éducative présente ce jour-là et étaient présidées par Jass. Les chaises étaient disposées les unes à la suite des autres, appuyées contre les murs, de sorte que nous étions tous assis côte à côte, en formant trois segments d'un carré. Le dernier segment était composé par la table des éducateurs.

J'avais tout le temps le trac pendant les réunions. C'était le moment où Jass soulevait tout ce qui n'allait pas (et rarement ce qui allait). Étant toujours dans les coups fourrés, je me demandais à chaque fois s'il n'avait pas eu vent de l'un d'eux, sans que je le sache, et qu'il attendait la réunion pour me mettre le nez dans mon caca, ce qu'il faisait parfois pour prendre les jeunes au dépourvu. Ce scénario n'était pas construit de toute pièce par mon imagination.

Divers points étaient abordés : organisation, informations variées, reproches, punitions... L'équipe éducative tenait à la disposition de Jass un cahier de liaison, grâce auquel il était au courant d'absolument tout ce qui se passait dans le foyer, même en son absence. Il en faisait parfois la lecture à voix haute, et finissait par nous faire un discours moralisateur, comme un rappel de ce qu'est un « cum panis », ou encore « le sexe, c'est tabou ! » quand un éducateur trouvait un magazine porno sous un matelas, en passant évidemment par une distribution de lignes en tout genre.

Chaque réunion se concluait par un tour de table (ou devrais-je dire tour de chaises), l'occasion pour chaque jeune de prendre la parole, pour soulever un problème, poser une question, proposer une amélioration, etc.

J'avais toujours au moins une chose à dire, mais je prononçais la phrase de rigueur « Rien à signaler » quand c'était mon tour, freiné par la peur de la prise de parole en public doublée de la peur de l'interprétation de mes propos par Jass. Mieux valait tout faire pour éviter de le chatouiller. Mais j'étais loin d'être le seul, et la plupart du temps, le tour de table ressemblait à : « rien à signaler, rien à signaler, rien à signaler... très bien, la réunion est terminée ».

Sauf, ces quelques fois où un de nos camarades décidait de balancer devant l'assemblée un ou plusieurs de ses cum panis pour un méfait quelconque, comme pisser dans le local à poubelles. Ceux qui étaient dénoncés prenaient des lignes, celui qui dénonçait repartait aussi avec son lot « Je te remercie de m'avoir rapporté tout ça, mais je n'aime pas les rapporteurs, tu vas donc me copier cinq cents fois... ». Et vlan !

Mais les réunions, c'étaient aussi des anecdotes à la pelle. Comme Éric qui, en plein discours de Jass, bondit de sa chaise, s'écrie « une fourmiiiii ! » et martèle le sol de son pied, réduisant le pauvre petit insecte en poussière. S'ensuivent un silence, un éclat de rire général (à l'exception de Jass), et des lignes.

Ou bien cette fois où Alexandre décida de balancer en bloc, notamment des attaques personnelles à son encontre : « Jérémie, il a dit que j'avais des bottes de pédale et que c'était la même paire pour toute la famille ». Personne n'avait assisté à cette scène, tout le monde avait, en revanche, remarqué qu'Alexandre était revenu de son week-end avec une paire de santiags aux pieds. La vanne n'en fut que plus drôle et tous les jeunes rirent à l'unisson. Jass nous calma tous d'un coup avec un cri retentissant, à en faire trembler les murs.

Ou cette fois encore où je lâchai malencontreusement un pet bruyant en me penchant sur ma chaise. Ma première réaction fut évidemment de regarder Jass et de supplier « pardon, pardon ! », mais il était heureusement plongé dans une conversation avec les éducateurs et n'avait rien entendu. Je regardai alors autour de moi et pus constater les réactions variées de mes camarades, entre celui qui me regardait avec des yeux écarquillés, l'air de dire « mais, t'es inconscient de péter en pleine réunion ? », ceux qui, tout en riant, enfouissaient leur nez dans leur col, espérant ainsi échapper à l'odeur, ou ceux encore, comme mon pote Karim, qui riaient silencieusement avec un petit regard approbateur. Je passai le reste de la réunion à me mordre l'intérieur des joues pour ne pas exploser de rire en repensant à cette palette d'expressions.

Plus rares que les week-ends, mais aussi plus longues et donc encore plus jouissives étaient les vacances scolaires. Deux semaines complètes pendant lesquelles je m'adonnais aux mêmes activités que le week-end, sans être contrarié par la moindre règle. J'enfilais mon pyjama sitôt le pas de la porte franchi et ne le quittais que pour me préparer au retour vers le foyer. Je ne mettais pas une seule fois le nez dehors et passais d'un hobby à un autre du lever au coucher.

La liberté absolue. Celle qui m'appelait dans un futur incertain mais qui était, j'en étais sûr, au bout du chemin. Je voulais retrouver à la fois le réconfort, la sécurité du foyer familial, la présence de mes parents, même si elle n'était que physique, et l'absence de règles imposées et d'adultes pour veiller à leur respect. Je ne me rendrais compte que bien plus tard que le cadre imposé par la vie en foyer me manquerait cruellement.

Toutes les vacances scolaires ne se déroulaient cependant pas de cette manière, pour mon plus grand malheur. Je maudissais Jass de nous imposer une semaine sportive pendant les vacances de la Toussaint et celles de février. Une semaine durant, du matin au soir, en compagnie des jeunes du foyer de Livry-Gargan, appartenant à la même association, nous passions d'une activité sportive à une autre avec autant de fluidité que j'enchainais les passe-temps chez mes parents. La Mairie du Raincy mettait à notre entière disposition les installations sportives de la ville et même des moniteurs. Jass ne cessait de nous le répéter, et notamment lorsque des conflits éclataient dans le cadre des activités : « Vous n'êtes même pas conscients de la chance que vous avez ! »

Nous commencions dès huit heures du matin par deux heures de patinoire. Il ne s'agissait pas pour autant de tourner autour de la piste à une allure choisie, en papotant de temps en temps avec les copains… non ! Rien de tel que de commencer par quelques séries de pompes et abdos à même la glace, pour poursuivre par des exercices forcés : accélération, freinage, slalomes… et pourquoi pas un petit match de hockey sur glace pour terminer. De quoi bien se durcir les jambes, le tout en musique. Les miennes se souviennent encore de l'effort, de la raideur des patins, de l'odeur de la glace et de la condensation formée par mon souffle lorsqu'elles entendent le titre *All that she wants*[8].

Après la patinoire, direction la piscine. Là encore, pas question de barboter ou de faire la planche en pensant à la seconde semaine des vacances. Des plongeons, des longueurs, en brasse, en crawl… les moniteurs ne manquaient pas d'imagination pour faire travailler nos bras pendant les deux heures que nous passions à leurs côtés. Je peux encore sentir l'odeur de l'eau chlorée, l'irritation qu'elle provoquait dans les yeux et les sinus, entendre l'écho des voix qui résonnent dans l'enceinte de la piscine, le bruit des « splashs » dans l'eau…

Après de telles matinées, le déjeuner se faisait plus que désirer, je crois n'avoir jamais autant ressenti la faim, la vraie, l'énergie que le corps réclame, que pendant ces semaines sportives.

Et pas question de faire une sieste après le repas. Le Centre omnisports nous attendait pour un match de football, basketball, handball ou que sais-je, du moment qu'il s'agisse d'un sport collectif, pendant le-

---

[8] Ace of Base – *Happy Nation*, 1992

quel nous pouvions pratiquer la collaboration, l'esprit d'équipe. Je détestais les sports collectifs.

Je veux dire, je n'aimais pas le sport en général, je ne comprenais pas comment on pouvait prendre du plaisir en torturant son corps, mais la palme était remportée par les sports collectifs. Ils étaient ennuyeux en plus d'être fatigants. À cause de mon manque d'entrain, d'énergie, d'implication, d'intérêt tout simplement (sans mentionner mon gabarit), mes camarades m'ignoraient complètement, ne me passaient jamais la balle ou finissaient par le faire quand ils se retrouvaient dans une impasse et le regrettaient presque aussitôt quand elle finissait en touche parce que je n'avais même pas réussi à l'attraper ou que je me la faisais subtiliser par un membre de l'équipe adverse, plus agressif et habile.

Je passais mon temps à faire ce que je voulais bien appeler de la défense, je me mettais devant mes adversaires et agitais les bras, espérant leur reprendre ce fichu ballon. Je les gênais sans doute un peu, en tout cas plus que si je n'avais pas été présent. J'imagine.

Une fois cette séance de torture terminée, de retour vers la piscine où nous pouvions, cette fois, profiter de l'eau pour nous prélasser, nous détendre les muscles…

Étrangement les soirées qui concluaient ces journées étaient très calmes. Plus aucun jeune n'avait d'énergie à revendre. Après le diner, chacun regagnait sa chambre et lisait tranquillement un bouquin ou conversait avec ses camarades avant de sombrer dans un sommeil profond.

Tout au long de l'année, nous avions la possibilité de pratiquer une activité le mardi soir : le football ou bien le théâtre. J'avais, sans surprise, fait le choix de monter sur les planches, non sans avoir fait un mauvais choix la première année et m'être pris des boulets de canon glacés en pleine poire, lorsque nous jouions en extérieur en plein hiver et que j'occupais le poste de gardien de but (le poste dont personne ne veut). Je me souviens encore du goût du cuir et du sang, et de mes lèvres et mes doigts anesthésiés par l'impact du ballon et le froid hivernal.

Mon engouement pour le sport ne m'est venu que bien plus tard, à vingt-cinq ans, alors que j'avais quitté le domicile de mes parents et qu'un de mes amis m'incita à m'inscrire à des cours de Tae Kwon Do. Ce fut une véritable révélation pour moi. Le bien-être prodigué par l'effort, le plaisir de progresser, de voir son corps, sa musculature se transformer m'ont fait réaliser que Jass avait raison, en tout cas en ce qui me concernait : je n'étais pas conscient de la chance que j'avais.

Mais cette remarque ne s'appliquait pas qu'en matière de sport. Sans parler du simple fait d'être cadré et sécurisé par l'institution, d'autres situations, comme la seconde semaine des vacances d'hiver, étaient une réelle chance : le mini-van de type C25 dont disposait le foyer était chargé de nos bagages, de combinaisons et de paires de skis et nous partions tous, à l'aube, direction une petite commune rurale de Savoie : Le Pontet.

« Des montagnes et des forêts à perte de vue, un grand chalet en retrait des autres habitations, avec une cheminée dans laquelle crépite un feu de bois hypnotisant… que demander de plus ? », avait questionné Jass la première fois qu'il nous l'avait décrit. Et le tableau dépeint était très proche de la réalité.

Notre terrain de jeu était quasiment infini, composé de plaines et de forêts enneigées, de ruisseaux, de pentes à dévaler en luge, de mines abandonnées… Et pour nous héberger, un grand chalet en pierre et en bois, composé d'une cuisine et d'une imposante salle à manger au rez-de-chaussée, avec son immense cheminée et ses longues tables et bancs en bois pour les repas, et à l'étage, des chambres pouvant accueillir quatre à cinq personnes chacune.

Le village était relativement éloigné de ce chalet, de sorte que nous étions comme seuls dans toute cette nature. La seule occasion pour laquelle nous devions nous rendre au village était pour aller chercher le lait. Du lait de vache, directement chez la fermière, dont l'odeur et le goût étaient bien plus prononcés que les laits achetés dans le commerce et qui se couvrait d'une épaisse couche de crème à la cuisson.

Je ne me portais pas spécialement volontaire pour aller le chercher. La fermière était propriétaire, m'avait-on raconté, d'un berger allemand imposant pas forcément très amical. Évidemment, j'y avait été contraint quelques fois, ne pouvant me soustraire à la participation aux tâches collectives. J'en avais les jambes qui tremblaient dès le trajet, et le cœur qui battait la chamade. Pendant qu'elle nous remettait les bidons métalliques, je me réfugiais dans le dos de mes camarades, au cas où le molosse ferait son apparition.

La plupart du temps, ils faisaient en sorte d'enfermer la chienne dans une pièce afin qu'elle ne vienne pas nous importuner. Mais une fois, je ne sais pourquoi, la mère de la fermière, une dame d'un certain âge, l'a libérée alors que nous venions de pénétrer dans la ferme. À peine ai-je entendu : « Mais non maman, pourquoi tu l'as laissée sortir ? », que je me suis retrouvé nez à nez avec une gueule à hauteur de mon visage, bordée de crocs blancs acérés et dont l'aboiement me faisait vibrer le cerveau. Sa maîtresse l'a heureusement rapidement attrapée par le collier pour l'enfermer à nouveau. Sur le chemin du retour, je me sentais léger, soulagé, pris soudain d'une envie de rire et d'aimer la vie, comme si j'avais échappé de peu à une mort certaine.

Mais en dehors de cette petite péripétie, les vacances au Pontet étaient paradisiaques. Les paysages étaient à couper le souffle, nous passions nos journées à jouer, courir, glisser, batailler, crier dans l'immensité de la nature, en attendant que vienne notre tour d'aller skier, activité que nous ne pratiquions que par groupes restreints (sécurité obligeait).

Mon ami Karim avait hérité de ma part lors de l'un de ces séjours du surnom de « ma p'tite luge perso ». Il s'allongeait sur le ventre après avoir placé entre lui et le sol enneigé un grand sac poubelle, levait les pieds et pointait les mains vers l'avant. Il ne me restait plus qu'à m'asseoir sur son dos. Nous dévalions alors les pentes immaculées et finissions souvent notre descente en roulé-boulé et en tonneaux, morts de rire.

Les repas étaient chaleureux et bruyants, emplis de rires et de conversations orientées vers les anecdotes du jour, et les lieux étaient propices à ce qu'il y en ait en pagaille, aussi bien à l'intérieur qu'à l'extérieur du chalet.

Le brouhaha était parfois interrompu par le bruit caractéristique d'une personne, adulte ou ado, qui dégringolait l'escalier raide qui menait aux chambres. Des rires éclataient aussitôt et nous avions pour coutume de dégainer l'appareil photo pour capturer les pauvres cascadeurs gisant dans une position improbable de pantin désarticulé, au pied de l'escalier.

Un soir, après une journée éreintante de randonnée dans la neige, alors que le dîner se préparait tranquillement, les conversations furent interrompues par un bruit bien plus violent. Je jouais à un jeu de société avec des camarades, à la chaleur du feu de cheminée, une odeur de chaussette humide flottait dans le salon. Tout à coup, j'eus la sensation que le chalet entier fit un bon, la table décolla brièvement du sol et les pièces du jeu suivirent, au moment où une détonation retentit en direction de la cuisine. Jass, qui était notre cuisinier pendant ces séjours, en ressortit le visage noirci et les cheveux en bataille, s'écriant « le four vient d'me péter à la gueule ! »

Inutile de préciser que cette histoire resta gravée dans nos mémoires et que nous ne manquions aucune occasion de la resservir lorsque nous nous lancions dans des cessions souvenirs, ce qui arrivait fréquemment, même une fois de retour au foyer.

Les sports d'hiver et divers (je me dois de restituer ce jeu de mots à Jass) donnaient évidemment leur lot d'anecdotes et événements croustillants.

Je me rappelle notamment une randonnée organisée en petit groupe par un éducateur à laquelle j'avais participé. Cette année-là, la neige ne s'était pas montrée. Les stations de ski étaient restées fermées, et les paires de skis au repos. Les paysages, habituellement recouverts d'un épais manteau blanc, étaient colorés, les montagnes couvertes de verdure et de fleurs, le ciel était d'un bleu azur et un soleil presque printanier nous réchauffait généreusement. L'objectif de la randonnée était d'atteindre le sommet d'une montagne que nous pouvions distinguer du chalet.

Le début de l'ascension s'était déroulé sans embuches. L'éducateur, seul adulte présent à nos côtés, nous avait enseigné les rudiments de la varappe. Alors que le pied de la montagne s'y prêtait plutôt bien, l'ascension devenait quelque peu difficile à mesure que nous progressions vers le sommet, pour devenir carrément dangereuse, d'autant que nous ne disposions d'aucun équipement.

Nous nous sommes retrouvés à escalader des plaques d'ardoise, dont certaines, tranchantes, se détachaient sous nos pieds, dévalaient les pentes abruptes pour finir par s'exploser sur un tronc de pin en contrebas. Il n'était plus question de faire demi-tour, ce qui se serait avéré bien plus périlleux que de progresser vers le haut, et la panique commençait à gagner les jeunes, d'autant qu'elle était aussi palpable chez l'éducateur, qui commençait certainement à se demander comment il allait nous sortir de ce pétrin.

Tant bien que mal, nous sommes arrivés au sommet, pour y découvrir un groupe de… cyclistes. À leur vue, nous sommes tous littéralement tombés à la renverse, riant en imaginant qu'il existait donc un sentier bien plus praticable.

Le soleil commençait doucement à décliner, teintant le ciel d'une couleur rouge orangé. Nous sommes restés assis un instant, reprenant quelques forces et nos esprits. Dans un moment de silence, le temps est resté suspendu… je revois clairement mes camarades, assis au sol, les coudes posés sur les genoux, fatigués et heureux, leurs silhouettes se détachant sur le coucher du soleil.

Notre attention s'est alors portée sur une petite plaine en contrebas, composée de monticules de terre, eux-mêmes entourés de vase. J'eus l'idée de lancer un défi : l'objectif était de courir le plus vite possible, en sautillant d'un monticule à l'autre, et en prenant garde de ne pas tomber dans la fange. Tout le monde releva le défi, y compris l'éducateur, mais personne n'en ressortit vainqueur. Et c'est au crépuscule que nous sommes redescendus en direction du chalet, épuisés et imprégnés d'un parfum de moule.

Dans nos vies font parfois irruption des moments de bonheur inexpliqués, d'une rare intensité et qui restent à jamais gravés dans nos mémoires. La partie de chasse à l'homme organisée par Marlène, cette même année sans neige, en est l'un d'eux.

Marlène était une éducatrice au look de rockeuse, cheveux décoiffés teints en rouge, vêtue de noir des pieds à la tête, et rouge à lèvres couleur sang.

Je n'avais jamais fait de chasse à l'homme et j'en découvrais donc pour la première fois le concept : deux équipes sont constituées, les membres de la première doivent se cacher dans un périmètre assez vaste car pourchassés par les membres de la seconde, l'objectif étant de leur échapper dans un laps de temps imparti.

Marlène avait choisi de nous éloigner un peu du chalet pour changer de paysage, et c'est dans d'immenses plaines couleur blé qu'eut lieu la partie. L'excitation de se sentir pourchassé, mêlée à l'effort de la course, à l'adrénaline, à la beauté des paysages, aux éclats de rire provoqués par mes camarades, comme Alexandre que je retrouvai caché derrière une motte de foin, grignotant une boule de neige ayant échappé aux rayons du soleil, comme si sa survie en dépendait, fit grimper mon euphorie. La partie dura l'après-midi entier.

Sur le chemin du retour, Marlène nous avertit : « ce soir, je veux passer une soirée calme et tranquille, alors si après tout ça vous avez encore de l'énergie à revendre, vous pouvez crier, sauter, c'est le moment ou jamais » Et c'est en marchant sur la route goudronnée qui nous menait au chalet, le soleil rouge de la fin d'après-midi déclinant, que nous sommes rentrés, criant à pleins poumons. Ma joie était à son comble.

[David participe volontiers aux voyages organisés par le foyer, qui le transforment littéralement.]

Quelques années plus tard, j'aurais une vision claire et pleine de nostalgie de cette scène du passé, dans le taxi qui m'emmènerait vers l'hôpital psychiatrique.

Les congés d'été illustraient aussi très bien cette « chance dont je n'avais pas conscience ». Avant de pouvoir profiter du mois d'août auprès de nos parents, nous avions droit à pas moins d'un mois complet de camping en Corse, où nous attendaient la mer, le sable, le soleil, les soirées en boite de nuit… Malgré tout ça, je trouvais quand même le moyen de me plaindre.

Vincent et moi faisions partie d'un groupe restreint, que Jass avait baptisé les « autogérés ». Nous passions ce séjour dans un camping distinct de celui des autres jeunes du foyer qui, eux, restaient encadrés par l'équipe éducative.

Les autogérés, comme leur nom l'indiquait, étaient plus libres. Pas d'éducateurs, une gestion autonome des heures de coucher et de lever, du stock de nourriture et des tâches ménagères telles que laver la vaisselle ou son linge personnel. Jass louait un bungalow dans le même camping et nous payait une visite surprise de temps à autre pour s'assurer que tout se passait bien.

Ça ne me plaisait pas. Je m'ennuyais, je comptais les jours qui restaient avant de pouvoir aller au Portugal avec mes parents. Les premiers jours, quand je réalisais qu'il restait encore trois semaines entières, ma gorge se serrait, l'air chaud chargé de l'odeur des aiguilles de pin m'étouffait. Je n'étais vraiment pas fan des bains de mer ou de soleil et puis je dormais mal dans les tentes, et je crevais la dalle parce que nos rations étaient trop maigres…

Tant bien que mal, je finissais toujours par m'y faire, je faisais « passer le temps », entre parties de golf, de squash, de sessions de surf et de bains de mer, et au final par engranger un paquet de souvenirs agréables, de ma première cuite, au Pastis, une nuit sur la plage, assis autour d'un feu de bois avec un groupe de jeunes corses rencontrés au camping ; en passant par ces innombrables anecdotes que la vie quotidienne avec des jeunes, soudés comme nous l'étions, rend heureusement inévitables ; à mes premiers amours d'été.

La toute première s'appelait Sarah, elle était originaire de Suisse, avait les cheveux longs, blonds et ondulés et sentait étrangement bon, un mélange de lessive et de naphtaline. Elle ne parlait pas un mot de français, tout comme je ne parlais pas un mot d'allemand, mais qui a besoin de parler lorsqu'il ne s'agit que de se tenir par la main, assis sur le sable, en s'embrassant devant le coucher du soleil ? Son départ me laissa à la fois ému et soulagé. Toute cette tendresse avait fini par me redonner envie de passer du temps auprès de mes potes pour faire les quatre cents coups. Et ce n'est pas la Corse et la liberté conférée par notre statut d'autogérés qui allaient nous en dissuader, au contraire.

Jass nous avait bien entendu exposé toutes les règles avant de nous laisser livrés à nous-mêmes, dont celle-ci : « Interdiction formelle de quitter l'enceinte du camping ». Mais qu'en était-il de ce bar coloré qui se trouvait au bout de la plage qui longeait le camping et dont l'enseigne était visible de loin une fois la nuit tombée, la Casa Corsa ?

Qu'à cela ne tienne, il devait dormir profondément dans son bungalow et après tout, il n'y avait aucune frontière physique qui séparait la plage du camping de la terrasse du bar. Nous nous y sommes tous retrouvés, plus d'une fois, pour y siroter des cocktails. Jusqu'au soir où, une silhouette imposante et familière a fait son apparition dans la pénombre... Jass nous avait trouvés. Mais comment ?

– Qu'est-ce que vous foutez ici ?
– Vincent : Bah… la Casa Corsa ça fait partie du camping, non ?
– Ne me dis pas que la Casa Corsa fait partie du camping parce que je te démonte la gueule !

Au loin, une silhouette tout aussi familière mais bien plus fluette fit son apparition, en courant. C'était Karim. Il était présent au camping lorsque Jass se pointa et demanda à l'un de nos camarades où nous étions. Ce dernier avait d'abord tenté de feindre l'ignorance, puis sous la pression de Jass avait fini par craquer : « Ils sont à la Casa Corsaaaaaa ! » Jass partit en véhicule à notre rencontre, Karim pensait, à tort, être plus rapide que lui en coupant à pied par la plage… Il nous rejoignit, haletant, titubant et à bout de force, soulevant des pelletées de sable avec ses pieds qu'il peinait de plus en plus à soulever…

– Viens, par-là toi ! À qui t'as menti ?
– À toi…
– Et je suis qui moi ?
– Pierre-Antoine…
– Pierre-Antoine comment ?
– Paoli…
– Ouais, et on ne ment pas à Super Paoli !

Je revois encore la tête de Karim partir en arrière sous l'effet de la gifle.

Après les vacances d'été, passées entre la Corse et le Portugal, le mois de septembre pointait de nouveau le bout de son nez et il était temps de commencer une nouvelle année scolaire. Une nouvelle année à attendre week-ends et vacances, une nouvelle année à espérer qu'elle serait la dernière à passer en foyer. Mais Madame Le Juge Tardieu n'était pas disposée à nous rendre notre liberté de sitôt et il me fallut attendre encore trois années supplémentaires pour voir mon vœu le plus cher être exaucé.

Pendant ces quatre années passées à l'Unité de Vie du Raincy, je croiserais la route d'un bon nombre de jeunes aux origines ethniques variées et chacun traînant sa lourde histoire personnelle.

Ce sujet était tabou, souvent très difficile à aborder. Tout comme les origines, qui pouvaient donner naissance à des surnoms, tels que « filets de hareng » pour nous désigner Vincent et moi à cause de nos origines portugaises, ou autre « crapaud des îles » pour l'antillais, ou « noich » pour le vietnamien, l'histoire personnelle, la raison du placement en foyer, pouvait faire l'objet de moqueries parfois méchantes, souvent blessantes, et c'est avec énormément de prudence que nous en dévoilions les détails.

À quelques exceptions près, elles dépeignaient le tableau d'existences sens dessus dessous, entre les parents déserteurs, les violents, les trafiquants de drogue, les séjours en prison, parfois même des histoires de meurtres… Avoir une mère dépressive et avoir grandi sans affection ni soutien dans un taudis faisait partie des histoires les plus softs.

Il y avait cette exception à la règle, Grégoire, un jeune homme d'origine vietnamienne, qui avait de lui-même requis son placement auprès d'un juge pour enfants afin de se protéger de sa mère. Nous le considérions un peu comme un extra-terrestre pour s'être infligé cette sentence de son plein gré.

« Ça a dû être difficile ! » me dit-on encore aujourd'hui lorsque j'aborde ce passage de ma jeunesse. Et pourtant, c'est tout le contraire qui me vient à l'esprit. Évidemment, la séparation d'avec les parents fut difficile, sinon je n'aurais pas passé mon temps à attendre de les retrouver. Mais lorsque je jette un œil dans le rétroviseur et que j'y aperçois ces six années de placement, c'est un grand sourire qui se pointe sur mes lèvres. Comment ne pas apprécier d'être 24/24h avec des amis, à rire, se taquiner, se bagarrer gentiment, en bénéficiant d'activités et de voyages, le tout dans une ambiance générale agréable et sécuritaire ?

La vie en communauté rendait les conflits inévitables et de vraies bastons éclataient parfois, mais elles restaient exceptionnelles. Aucun jeune, ni groupe de jeunes ne prenait l'ascendant sur d'autres, personne n'avait à déplorer de maltraitance vis-à-vis de ses camarades. L'ambiance restait bon enfant et aucune angoisse ne venait compléter celle du dimanche soir. En définitive, la seule et unique personne que nous craignions tous était Jass lui-même.

La plupart des bastons avaient lieu dans ma chambre et se déroulaient sous forme de jeu. En bons fans de Dragon Ball Z que nous étions, nous organisions des tournois après les cours, les dalles de moquettes qui recouvraient le sol des chambres nous faisant penser au tatami sur lequel San Goku affrontait ses adversaires. Nous pouvions y passer des heures, nous n'y allions pas de main morte et malgré mon poids plume, je me défendais plutôt bien. Je me souviens aussi de quartiers libres pendant lesquels Karim et moi courions l'un après l'autre dans les rues du Raincy, la ville entière à notre disposition, pour se bastonner, morts de rire, devant le regard amusé de certains passants.

Hormis les combats, une autre pratique était largement répandue et entièrement décomplexée : la branlette. Elle se pratiquait sans honte aucune, à toute heure, n'importe où. Les magazines pornos que certains réussissaient à se procurer, souvent par vol à l'étalage, étaient planqués sous l'une des dalles de la moquette (les dessous de matelas étant bien trop connus des éducateurs) et tournaient de mains en mains. Il n'était pas si rare de lire tranquillement une BD sur son lit, sans être perturbé par son pote en train d'assouvir ses pulsions, à quelques mètres de là, les yeux rivés sur un magazine. Celui-là même qui, fraîchement arrivé au foyer, déclarait haut et fort, index pointé vers le haut, à propos de ceux qui s'adonnaient à la masturbation : « ceux qui font ça, ce sont des porcs ! » Lui, comme d'autres, devaient bien vite revenir sur leurs paroles quand ils constataient qu'absolument tout le monde se briquait la tige en toute détente.

« Foutre le bordel » était une autre de nos activités favorites. Quand Jass n'était pas là, bien entendu, et selon le ou les éducateurs présents, nous pouvions nous y adonner plus ou moins. Certains éducateurs, comme j'avais déjà pu le constater à Ménil, avaient moins d'autorité, de charisme et ne parvenaient pas à se faire respecter ni à maintenir l'ordre et le calme. Et d'autres, plus rares et pourtant bel et bien présents au poste, semblaient complètement perdus. Un timbre de voix effacé, une réactivité nulle, un encéphalogramme plat, les jeunes savent repérer ces caractéristiques qui pourront donner lieu au foutage de bordel. Et quand un de ces éducateurs se retrouvait seul le soir parce qu'il était de garde, c'était la fête du slip : des bastons, des vraies et des fausses, des parties de foot dans une chambre, des jeunes qui se courent après et dégringolent les escaliers, hilares, des objets qui volent partout.

Je me souviens d'un de ces repas pendant lesquels régnait l'anarchie, le brouhaha général, des aliments volaient dans tous les sens. Je cherche quelque chose que je puisse utiliser comme projectile, je regarde devant moi, y trouve mon dessert, je me saisis d'un abricot qui baigne tranquillement dans son sirop, pour le balancer avec force sur le camarade qui me fait face, Ange. Celui-ci l'esquive très habilement, et l'abricot s'écrase bruyamment sur la fenêtre juste derrière. Six mois après, je pouvais toujours l'apercevoir au même endroit, recroquevillé et desséché.

Pendant les réunions du jeudi soir, Jass annonçait les activités proposées par les divers éducateurs pour le mercredi suivant. Il fallait lever la main lorsqu'une activité proposée nous intéressait et Jass désignait les heureux élus. Certaines activités étaient plus attractives que d'autres, aller au cinéma ou pratiquer l'escalade à Fontainebleau remportaient plus de succès que la trop classique piscine. Mais d'autres paramètres entraient en ligne de compte : les membres de mon équipe faisaient en sorte de se retrouver ensemble, autant que possible, mais surtout, et d'autant plus si l'activité manquait d'intérêt, il fallait faire en sorte d'être avec un éducateur « facile », ce qui nous permettait de pimenter l'après-midi à notre sauce.

Je repense d'emblée à celui au cours duquel nous sommes allés au centre Pompidou pour une expo. Avant de nous y rendre, nous sommes allés faire un tour dans un magasin de farces et attrapes. Karim en est ressorti avec un faux pénis d'une matière molle et étirable qui nous occupa pour le reste de la journée. À tour de rôle, nous le laissions dépasser de notre braguette ouverte et devions relever un défi, tel que demander l'heure à d'autres visiteurs ou toquer sur la vitre du poste de sécurité, attendre que les agents se tournent vers nous pour lui faire faire l'hélicoptère avec une danse du bassin (et manquer de se retrouver enfermés avec eux parce qu'ils actionnent un portique de sécurité automatique). Sur le chemin du retour, dans le train, rien de tel qu'une partie de passe à dix, avec quelques loupés forcés, pour que des passagers se retrouvent avec le pénis frétillant sur leurs genoux.

Le despotisme de Jass, la violence verbale et physique dont il usait, m'ont souvent semblé injustes, injustifiés et cruels, et ils l'étaient effectivement lorsqu'il dépassait les bornes et qu'un jeune en venait à être littéralement tabassé. Après avoir quitté le foyer, je me considérais comme chanceux d'avoir pu retrouver mes parents et d'avoir échappé à la tyrannie de ce personnage que je maudissais. Pourtant, quelques années après notre retour chez nos parents, nous avons recroisé la route de Ange, un des anciens du foyer et qui est resté depuis un très bon ami. Le connaissant depuis tout jeune, Jass lui accordait une certaine dose de confiance. Il lui aurait alors confié un jour qu'il était obligé d'en arriver là. Il se devait d'être dur, quitte à user de violence, afin d'être respecté et craint de tous sans exception, l'objectif étant d'être le seul tyran du foyer afin qu'aucun autre rapport de force ne s'installe entre les jeunes, qu'aucun d'entre nous, ou qu'aucun groupe ne domine les autres. IL devait être le seul et unique méchant, afin que même les plus forts d'entre nous craignent ses représailles.

Si tel était vraiment son objectif, je dois admettre qu'il y parvenait plutôt bien. Encore une fois, l'ambiance était bonne et nous ne vivions pas la peur au ventre. Même les plus forts physiquement, ou les plus impertinents, dont Karim faisait partie, et qui auraient pu profiter de la faiblesse des autres dans d'autres circonstances, usaient plus volontiers de leur sens de l'humour.

Papa nous avait même fait part de son étonnement à ce sujet. Nous étions parfois autorisés à rentrer chez nos parents dès le vendredi soir, et pour ne pas à avoir à faire le trajet en train jusqu'à la Gare de l'Est, certains de nos potes nous demandaient si mon père pouvait les déposer en voiture à Paris, il ne leur resterait alors qu'à terminer le trajet en métro.

Papa acceptait, mais son véhicule professionnel étant dépourvu de banquette arrière, nous finissions à quatre ou cinq assis sur le monticule d'outils, cherchant la position la plus agréable entre l'escabeau et les rouleaux de fil électrique. J'étais plié de rire, car dans la pénombre, nous avions l'air de passagers clandestins cherchant à franchir une quelconque frontière. Et puis comme j'étais toujours en train de taquiner mes amis, ce n'est pas le fait d'être dans le véhicule de mon père qui allait m'arrêter, et ils me le rendaient bien. Les trajets se poursuivaient entre rires, vannes et pets. Arrivés à la maison, mon père a aussitôt fait la remarque : « Je savais pas que vous vous entendiez si bien, même avec ceux qui ont l'air les plus costauds. Parfois j'avais peur que vous vous fassiez emmerder ! »

À l'inverse, dans d'autres foyers qui étaient également rattachés à celui de Ménilmontant, les choses ne se passaient pas aussi bien. Nous avions parfois l'occasion de rencontrer les jeunes de ces foyers-là, au cours de semaines sportives par exemple, et il semblait se dégager de leur groupe un esprit de compétition constante et de violence. Des histoires bien plus trash de rackets et de viols nous parvenaient parfois aux oreilles. Un jeune garçon d'un de ces foyers, un petit rouquin pâle et chétif, m'avait confirmé avoir subi plusieurs viols de la part de ses camarades.

On peut bien entendu arguer que le maintien de la paix ne doit pas nécessairement passer par l'usage d'une violence, parfois extrême, et que d'autres alternatives existent certainement entre les agressions de ses camarades ou l'autorité et les abus de force du directeur d'établissement. Malgré tout, je me demande souvent si, sans Jass, cette période de ma vie aurait tout de même trôné parmi les années heureuses de ma jeunesse...

C'est la seconde rentrée à l'Unité de Vie du Raincy qui marqua un véritable tournant dans les relations que j'avais avec les autres jeunes du foyer. Les quelques anciens qui étaient encore présents la première année partirent pour la plupart, soit définitivement parce qu'ayant atteint la majorité, soit, comme Ange, dans un appartement loué par le foyer, à l'égal de ma sœur Delphine. De nouveaux visages sont venus les remplacer, et c'est à partir de ce moment-là que ma véritable équipe de potes s'est constituée et est restée fermement soudée pour les trois années qui suivirent. Cette équipe était composée de Vincent, Karim, Basile, François et moi-même. Nous constituions en quelques sortes le noyau dur du foyer. Nous étions toujours ensemble et étions les plus respectés. Même au collège, je bénéficiais de l'aura protectrice des membres tels que Basile et Karim.

Karim était sans aucun doute le plus impertinent de nous tous. Il était constamment en conflit avec les éducateurs, un jeune du foyer ou Jass lui-même, de qui il recevait de nombreuses lignes et d'aussi nombreuses gifles. Il disposait d'une énergie débordante, pour sa taille relativement petite, qu'il déversait dans la provocation, qu'elle soit verbale ou physique. Même nous, ses amis les plus proches, avions du mal à le canaliser et il parvenait parfois à nous faire sortir de nos gonds. Je m'étais un jour foulé le poignet en lui décochant une droite après qu'il m'avait poussé à bout. Insulter, titiller, donner des petits coups, puis un peu plus fort jusqu'à faire perdre patience, c'était son truc.

Son histoire personnelle, il la racontait avec une fierté non dissimulée : il avait été placé en foyer à la suite de divers cambriolages auxquels il avait participé et s'était fait attraper. Il valait mieux, selon lui, être un délinquant et n'avoir à imputer le placement qu'à soi-même, qu'avoir des parents défaillants de qui le système cherchait à nous protéger. Il ne semblait pas comprendre que le manque de cadre et d'autorité parentale était plus que certainement ce qui l'avait justement fait glisser vers la délinquance. L'ironie voulait qu'il habitât dans la rue de Ménilmontant, à quelques mètres du foyer principal.

Basile était un jeune d'origine camerounaise, grand et musclé. Son apparence physique imposante pour les jeunes que nous étions avait son importance dans le respect qu'on nous témoignait aussi bien au foyer qu'au collège. Il était toujours très calme et n'avait recours à la force que lorsqu'il ne pouvait pas faire autrement. François et moi passions beaucoup de temps à le chambrer, le taquiner, et il ne perdait jamais son sang-froid. Jass avait laissé entendre à deux ou trois reprises qu'il existait une différence entre sa date de naissance déclarée et la réelle, si bien qu'il était plus que probable qu'il eût dix-huit ans quand ses papiers n'en mentionnaient que quatorze, ce qui expliquait sans doute (en partie) son gabarit hors norme.

François était celui avec lequel je m'entendais le mieux. C'était un jeune d'origine zaïroise, à la silhouette athlétique et élancée. Il avait un air de Chris Tucker, aussi bien dans le faciès que dans la gestuelle, ce qui en faisait un personnage qui inspirait de la sympathie, d'autant qu'il arborait à toute heure un large sourire. Nous étions toujours ensemble, même séparés des autres membres de l'équipe, avions la même passion pour les films et les jeux vidéo, et consacrions le plus clair de notre temps à charrier le reste du monde. Tous y passaient : camarades de foyer, de classe, éducateurs, lingère, psychologue, sans oublier Jass, notre plus grande source d'inspiration. Rien n'était mis de côté : le physique, les mimiques, les tics verbaux et les anecdotes des uns et des autres que nous ressassions à longueur de repas et qui nous faisaient toujours autant rire.

Après les devoirs, le soir, et avant le coucher, nous nous rejoignions tous les cinq dans la chambre que Vincent partageait avec Basile, face à la mienne. Nous refaisions le monde et riions tout en écoutant en boucle les premiers albums de Ménélik, Fabe, Iam, McSolaar et autres artistes de l'âge d'or du rap français.

De temps à autres, je passais le samedi après-midi avec eux plutôt que de rentrer directement chez mes parents pour jouir de ma routine. Nous nous réunissions le plus souvent chez Karim, où nous regardions le nouvel épisode de Dragon Ball Z, pour ensuite jouer aux jeux vidéo avant d'éventuellement sortir faire une ou deux conneries comme balancer des œufs sur un bus en marche ou piquer une cassette porno dans un bazar et finir déçus en se rendant compte qu'il s'agit d'un film lesbien.

Mon engouement pour ce genre d'actes était tout de même relativement limité. Je me faisais parfois (souvent) influencer par mes amis, mais je savais tout de même imposer une limite. Il était par exemple hors de question de faire du mal à qui que ce soit, et quand j'estimais que les risques encourus étaient bien trop élevés, je refusais de les suivre. J'ai toujours eu la chance, si je puis dire, d'avoir cette conscience qui me permit de ne pas franchir certaines frontières, de ne pas m'attirer trop d'ennuis.

J'avais même réussi pendant plusieurs mois à inverser la vapeur et à avoir sur Karim une influence plus que positive, qui ne passa pas inaperçue. Refuser de traverser lorsque le feu était rouge pendant nos quartiers libres au Raincy était un bon début. L'entraîner avec moi dans un challenge consistant à tenter d'obtenir une meilleure moyenne générale que la mienne à la fin du trimestre fut une véritable victoire.

Il était relativement aisé de le provoquer et de lui lancer des défis, mais je ne pensais pas qu'il se lancerait dans celui-ci avec autant de ténacité et d'assiduité. Son père n'en revenait pas lorsqu'il nous voyait sortir nos livres et cahiers scolaires plutôt que la manette de la Super Nintendo. Sitôt après avoir reçu les résultats d'un contrôle, Karim s'empressait de venir me dévoiler la note qu'il avait obtenue, et il se débrouillait plus que bien. Si bien qu'à la fin du trimestre, il n'était qu'à quelques centièmes de points de moi, ce qui surpris Jass plus qu'agréablement. Un des jeunes avec qui il avait le plus d'ennuis avait non seulement fait d'importants progrès en termes de comportement, mais venait d'obtenir une moyenne générale plus qu'honorable. Il ne manqua pas de le féliciter lors de la réunion qui suivit la remise des bulletins scolaires. Ce trimestre-là, de nombreux jeunes, dont Basile, eurent également des notes satisfaisantes, il décida alors de nous gratifier d'une journée de ski supplémentaire aux prochaines vacances d'hiver au Pontet qui approchaient.

Malheureusement, les bonnes résolutions de Karim prirent bien vite fin, et comme pour prouver qu'il n'était pas le bon garçon qu'il avait été ces derniers temps, il poursuivit son chemin en empruntant la mauvaise pente.

Tout commença au Pontet même, où il eut l'idée d'accéder à la chambre de Jass, alors que ce dernier était présent à l'étage du dessous. Il lui suffit pour ça d'emprunter un balcon accessible par une porte au bout du couloir et qui communiquait avec la chambre de Jass, puis d'y pénétrer par une porte-fenêtre que ce dernier n'avait visiblement pas verrouillée. Il ne nous avait pas fait part de ses intentions, mais nous conta son exploit sitôt réalisé : « Je suis entré dans la chambre de Jass par le balcon, je lui ai piqué deux mille francs ! » L'annonce de la somme nous fit tous sursauter.

– Mais t'es malade, c'est beaucoup trop, il va forcément s'en rendre compte !
– Ouais, vous avez raison… je vais aller en reposer un peu…
– Mais non arrête tes conneries, c'est fait, c'est fait ! Tu vas te faire attraper !
– Je reviens tout de suite, c'est facile !

Il revint quelques instants plus tard, annonçant, fier de lui : « c'est bon, j'en ai reposé la moitié, j'ai gardé mille francs ! » Nous fûmes à la fois amusés et effrayés par son inconscience. Jass ne se rendit finalement compte de rien, ou si tel avait été le cas, il avait dû penser qu'il les avait égarés.

Le méfait suivant eut lieu lorsqu'il effectuait son stage de 3ème dans un supermarché, avec Vincent qui était devenu son camarade de classe. Ils furent tous deux convoqués car des employés s'étaient rendu compte que le coffre avait été cambriolé. Leur responsable, qui les soupçonnait fortement, les fit se déshabiller. Lorsqu'il ne leur resta plus que les sous-vêtements, il jugea qu'il n'était pas nécessaire de les mettre complètement à nu et qu'ils n'étaient visiblement pas les auteurs du vol. Il était pourtant tout près de découvrir que Karim cachait deux gros rouleaux de billets dans la raie de ses fesses. Et quand Karim les déballa devant Vincent, celui-ci en fut stupéfait : « Heureusement que tu m'as rien dit avant, j'aurais jamais réussi à garder mon calme, alors que là j'étais persuadé qu'on était tous les deux innocents, donc j'aurais pu me foutre à poils sans problème ! »

Il s'attaqua ensuite au bureau des éducateurs, dans le foyer même. Il ouvrait le verrou grâce à une pièce de Puissance 4 qui s'insérait parfaitement dans la fente du verrou, il ne lui restait plus qu'à récupérer le contenu des enveloppes dans lesquelles se trouvait notre argent de poche (trente francs par jeune et par semaine).

Il s'était un jour retrouvé pris au piège dans le bureau, un éducateur y étant entré pendant qu'il commettait le délit. Il se glissa sous le lit, et y resta silencieux de longues minutes, avant de sauter par la fenêtre une fois l'éducateur sorti. Il se foula la cheville en se réceptionnant au sol, et eut droit de notre part, après cette histoire, au surnom de Spiderman.

L'argent de poche de ses potes, nous en l'occurrence, leur était toujours restitué. Je l'acceptais non sans ressentir de la culpabilité en pensant à tous les autres jeunes qui en étaient injustement privés. L'équipe éducative se rendit vite compte de la disparition de l'argent et ne parvenait pas à se l'expliquer, la porte étant systématiquement et consciencieusement refermée à clef derrière eux. Les éducateurs en portèrent la responsabilité et Jass décida de stopper la distribution d'argent de poche.

Le dernier « coup » fut le plus lourd de conséquences. Alors que la fin de l'année scolaire approchait à grands pas et qu'un agréable soleil annonçait déjà les vacances d'été, il prit la décision de revenir sur Le Raincy pendant le week-end afin de pénétrer dans le foyer par effraction et y prendre le matériel audiovisuel tout neuf dont le foyer avait récemment été équipé.

Pour Jass, ce fut le coup de poignard de trop, et il était cette fois-ci déterminé à ne pas passer l'éponge. Ne disposant d'aucune preuve, et comme personne n'avait vu ni entendu quoi que ce soit, il prit un certain nombre de mesures. Il nous était désormais interdit de sortir de notre chambre, si ce n'était pour se rendre aux repas ou à l'école. À table, plus aucune conversation n'était permise. Il nous convoquait tous régulièrement, un par un, afin d'obtenir un maximum d'informations, sans succès, et procédait à une fouille individuelle des sacs à dos avant tout départ en week-end.

À cette époque, commençait déjà à planer sur Jass une ombre... Certains éducateurs, que François et moi surnommions « les corrompus », dépannaient les fumeurs en mal de cigarettes et dévoilaient des informations confidentielles. Ils nous avaient alors rapporté qu'il avait eu des ennuis avec sa hiérarchie suite à des violences physiques exercées sur un jeune, qui en était ressorti bien amoché. Étant donné qu'il ne pouvait pas, de toute évidence, avoir recours à la menace par les coups, il prit une décision : désormais, tout jeune ayant commis, ou soupçonné d'avoir commis, un délit serait conduit immédiatement au commissariat. Sans crier gare, il mit rapidement ses menaces à exécution en y conduisant un vendredi soir Karim, François et Basile.

L'atmosphère plaisante et bon enfant avait laissé place les tous derniers mois à une atmosphère pesante et oppressante. J'étais de nouveau visité par des états d'âme étranges qui me laissaient présager que les choses allaient de nouveau changer.

Ce soir-là, Basile et François rentrèrent au foyer. François était visiblement sous le choc et semblait avoir pleuré. Ils nous racontèrent avoir eu droit à un interrogatoire quelque peu musclé de la part des policiers. François n'avait pas réussi à leur tenir tête et avait fini par dénoncer Karim.

Le lendemain, en rentrant chez nous pour le weekend, arrivés à la Gare de l'Est, nous le trouvâmes là, assis de manière nonchalante sur un tourniquet de la SNCF. Nous étions à la fois étonnés et soulagés de le retrouver. Nous l'avons interrogé : allait-il bien ? Que s'était-il passé ? Il semblait plus fier que jamais d'avoir passé la nuit en garde à vue, comme s'il s'agissait d'un baptême l'ayant propulsé dans la cour des grands.

J'avais atteint les quinze ans au mois de mai de cette même année. Presque six ans s'étaient écoulés depuis cette froide matinée de septembre au cours de laquelle nous avions reçu la visite surprise de la Brigade des Mineurs. Les épreuves du brevet des collèges étant désormais derrière nous, il était temps d'intégrer le lycée à la rentrée suivante. Cette fois-ci, j'étais déterminé à prouver à Mme Tardieu que j'étais plus que prêt à regagner le domicile de mes parents.

Malgré les forts liens d'amitié qui me liaient à mes camarades de foyer, rentrer chez moi n'en restait pas moins ma priorité, et il était hors de question de démarrer une nouvelle année dans une telle ambiance oppressante. Avec les encouragements de Jass, qui considérait que j'étais l'un de ceux qui avaient un avenir des plus prometteurs, je pris ma plus belle plume, et expliquait à Mme Le Juge Pour Enfants que j'étais désormais autonome, que ces années en foyer m'avaient appris à prendre soin de moi, de mes affaires, que mes résultats scolaires étaient bons et que je parvenais à faire tout cela sans être supervisé par un adulte.

Le jour de l'audience, nous nous sommes retrouvés, comme chaque année, au Palais de Justice sur l'Île de la Cité. L'effectif familial était cependant beaucoup plus réduit, les deux sœurs aînées ayant toutes deux atteint l'âge de la majorité, et maman ne quittait plus, depuis quelques temps déjà, les murs de l'appartement. Seuls papa, Magali, Vincent et moi-même étions présents.

Dès sa majorité, Delphine avait demandé expressément à bénéficier d'une protection de jeune majeur, afin de pouvoir conserver l'appartement qu'elle occupait, car même si l'action éducative se maintenait et qu'elle était donc toujours sous la responsabilité de son foyer, il lui conférait une liberté qu'elle n'aurait pas en retournant vivre avec sa famille.

Mais surtout, son âge et sa maturité lui avaient permis d'être bien plus lucide sur la réalité de notre situation, de se rendre compte qu'il n'était pas dans son intérêt de vivre auprès de notre mère, avec qui elle se disputait les rares fois où elle venait. Je crois, avec le recul, qu'elle était désarmée et triste de la voir sombrer, tout en refusant catégoriquement toute aide.

Durant ces six années de placement, aucune action n'avait été entreprise en ce sens. On avait pris les enfants, on les avait séparés de leurs parents, on les avait placés, par mesure de protection, mais on n'avait absolument rien fait pour traiter la racine du problème. Aucune mesure de soin mise en place, aucun soutien psychologique, pas même une aide à domicile… Rien. N'étant pas considérée comme juridiquement incapable, et à défaut d'accord de sa part, on s'était royalement reposé sur l'adage « on ne peut pas aider quelqu'un qui ne veut pas être aidé ». Si bien que le placement n'avait été bénéfique que pour ses enfants, par la distance qu'il avait mise entre elle et eux, mais sa situation à elle avait largement eu le temps de s'aggraver.

Vincent, Magali et moi n'avions pas du tout conscience de tout ça. Notre objectif restait de retourner chez nos parents. Point barre. Nous étions là pour ça, et cette fois-ci semblait être la bonne.

Mme Tardieu nous convoqua un par un, ce qui me sembla être plutôt bon signe. Lorsque mon tour fut venu, après Vincent, elle relut mon courrier à voix haute, ainsi que les divers rapports rédigés par l'équipe éducative de l'Unité de Vie, s'assura que j'avais bien conscience de demander à retourner chez mes parents malgré la fragilité de ma mère, puis décida finalement d'accéder à ma requête, à condition qu'un suivi psychologique hebdomadaire soit mis en place, au moins pendant les premiers mois. C'était gagné.

Je sortis de son bureau en franchissant la double porte capitonnée, qui permettait aux audiences de se dérouler en toute discrétion, et adressai un sourire à Magali, qui s'apprêtait à entrer.

La victoire fut douce-amère, et je garderais longtemps cette image en tête, et le pincement au cœur qu'elle provoquait, lorsque Magali ressortit du bureau une vingtaine de minutes plus tard, les mains posées sur la tête, des larmes au bord des yeux, clignant des paupières pour ne pas les laisser s'échapper.

T'es l'enfant seul (je sais qu'c'est toi)
Viens-tu des bas-fonds (ou des quartiers neufs),
bref, au fond tous la même souffrance

Oxmo Puccino
"L'enfant seul" – *Opéra Puccino,* 1998

CHAPITRE 4

Le taxi qui m'emmenait vers la clinique psychiatrique Rémy de Gourmont, à Paris dans le 19ème arrondissement, était pris au milieu d'un dense bouchon d'heure de pointe et roulait au pas. À l'avant, son chauffeur s'impatientait, pendant qu'à mes côtés sur la banquette arrière, maman restait impassible, le regard dans le vide. J'étais déchiré par le chagrin et ne cessais de me répéter intérieurement : « j'emmène ma propre mère se faire interner ! », cherchant par là un stratagème pour conscientiser l'événement et me détacher de la douleur qu'il engendrait.

Comment en était-on arrivés là ? Je pensais au bonheur que la vie hors des foyers était sensée m'apporter, et à tous ces coups qu'elle m'avait au contraire mis depuis. La lumière du soleil couchant pénétrait dans le taxi, déposant sur la banquette en cuir noir et sur maman des reflets orangés, me transportant quelques années auparavant, sur une route de montagne, après une partie de chasse à l'homme. J'étais alors entouré de mes amis, heureux et insouciant. J'étais désormais profondément seul et en train de conduire ma mère en hôpital psy.

J'avais passé l'été qui suivit notre sortie de foyer à imaginer à quoi ressemblerait ma nouvelle vie après la rentrée au Lycée. Je me projetais, entouré d'une nouvelle bande d'amis composée aussi bien de garçons que de filles, ayant chacun sa personnalité, son originalité, et dans laquelle je serais pleinement accepté, apprécié, demandé. Peut-être, me disais-je, que je pourrais y faire une rencontre amoureuse, ou même retrouver des amis d'enfance, qui me reconnaitraient, me demanderaient où j'étais passé pendant toutes ces années, que l'étincelle de l'amitié jaillirait de nouveau et que son feu brûlerait à nouveau pour de nombreuses années ?

Il avait fait très chaud cet été-là. Nous avions passé le mois de juillet à Paris, ce fut l'occasion de revoir une paire de fois nos potes de foyer, notamment Basile. Karim avait disparu de la circulation et François était le seul de la bande à ne pas avoir quitté l'institution. Papa n'était pas particulièrement fan de ces sorties. Pour lui, ils appartenaient au passé, les foyers étaient derrière nous, nous n'avions plus aucune raison de continuer de traîner avec eux.

À l'époque, les téléphones portables étaient encore l'apanage des hommes d'affaires, et n'existaient de toute façon qu'en version frigo avec antenne de cinquante centimètres, les visites se faisaient donc au débotté. Basile se pointait tout simplement à Jaurès, et sonnait à l'interphone.

Un jour, nous avons passé un après-midi entier en sa compagnie, à déambuler dans les rues ensoleillées et odorantes des quartiers Est de la capitale. L'ambiance des quartiers populaires et leurs rues aux bâtiments parfois délabrés, contrastaient fortement avec les rues bien rangées du Raincy. Je me sentais de nouveau comme un gosse des rues. Mon état d'âme était de ce fait très mitigé. Je me réjouissais de pouvoir me balader en compagnie de mon frère et Basile, sans aucune contrainte, et en même temps je me sentais perdu. Le futur s'annonçait incertain et angoissant. Où allions-nous ? Quel était le sens de tout ça ? Nous avions passé une bonne partie de notre enfance à nous conformer à des règles, à aller là où nous étions attendus, à faire ce qu'on nous demandait, il suffisait de suivre les rails qu'on avait posés pour nous, sans trop réfléchir. Et nous étions désormais, libres. Trop libres.

Dans la chaleur écrasante de fin d'après-midi, nous avons salué Basile, et lui avons fait promettre de repasser le lendemain, déterminés à ne pas le perdre de vue.

Il ne revint pourtant pas le lendemain, ni même le jour suivant, et ne revint même jamais, laissant avec son absence un lourd bagage de questions sans réponses et un tout aussi pesant sentiment d'abandon.

Le voyage au Portugal, et les promesses du lycée nous permirent de tourner, temporairement, la page.

J'intégrai le lycée Henri Bergson pour ma rentrée en seconde. Vincent de son côté entrait en seconde professionnelle dans un autre lycée de la capitale.

Être de nouveau scolarisé dans le quartier de mon enfance avait un côté symbolique, comme si la vie en foyer n'avait été qu'une parenthèse, un cycle qui se terminait ouvrant la porte à de nouveaux horizons pleins de promesses.

J'étais à la fois angoissé et excité par la nouveauté. Je vêtis pour l'occasion les habits les plus cool que j'avais en ma possession, de manière à être certain d'être rapidement accepté de mes nouveaux camarades. Dès les premiers jours, je constatai assez vite que beaucoup d'entre eux se connaissaient déjà, avaient grandi dans le quartier et avaient passé quelques années ensemble dans le collège voisin. Aucun visage familier surgi d'un passé lointain ne fit son apparition, mais cela ne m'empêcha pas de me faire une petite place parmi eux.

L'année de seconde fut relativement agréable, comme une transition vers l'enfer qui m'attendait. L'ambiance en classe était en de nombreux points comparable à celle du foyer. Les élèves étaient répartis de manière égale entre garçons et filles, tous ou presque issus de la classe moyenne. Nous chahutions pas mal, plus ou moins, et toujours selon les professeurs. Chacun avait droit à son petit surnom, en fonction d'une particularité physique, de caractère ou de son nom de famille. Le rire était souvent de rigueur.

Le mercredi après-midi, ou lorsqu'un professeur était absent, nous en profitions pour aller disputer un petit match de foot, activité à laquelle je prenais de plus en plus plaisir. Elle me permettait au moins de sortir de l'appartement de mes parents, que je quittais trop peu souvent à mon goût, de prendre un bol d'air frais et d'avoir un minimum de lien social.

Car même si j'avais plus ou moins réussi à me faire accepter de mes nouveaux camarades, il manquait toujours l'étincelle. Celle qui fait naitre une amitié spontanée, authentique et réciproque, telle que les protagonistes mettent tout en œuvre pour se retrouver souvent et passer du temps de qualité, ensemble. Je la désirais ardemment, mais cela ne se produisit jamais. Je passais mes week-ends enfermé chez mes parents, sombrant dans un ennui et une solitude profonde, repensant avec une nostalgie qui pesait lourd sur mon cœur à mes liens d'amitié passés.

Papa n'aimait pas nous voir sortir. Pour lui, sortir seuls était la source de tous les dangers. Il fallait se méfier de tout : des agressions, des accidents, des fréquentations, de la drogue… La culpabilité qu'il semblait ressentir depuis notre placement l'avait changé en père ultra angoissé et tellement protecteur qu'il en devint liberticide.

Je n'aimais de toute façon pas sortir pour sortir, marcher sans but. Je ne comprenais pas comment on pouvait s'adonner à cette activité. On m'avait appris à sortir pour aller à la piscine, à la patinoire, au cinéma, mais surtout à le faire en groupe ! Sortir seul, sans but n'avait aucun sens, mieux valait donc rester chez soi.

Vincent, avec qui je partageais ma chambre, n'avait pas mieux réussi que moi dans ce domaine et semblait en souffrir tout autant. Étrangement, nos présences respectives ne nous suffisaient pas, comme si deux frères ayant grandi ensemble n'avaient plus rien à se raconter. Nous avions besoin d'une personne extérieure. Nos amis nous manquaient et nous ressassions les anecdotes du foyer avec beaucoup de nostalgie.

Dans les premiers mois qui suivirent la rentrée, et avant que papa ne nous l'interdise complètement, nous sommes retournés quelques fois au Raincy, à la fois dans l'espoir d'y croiser des camarades de classe, mais aussi pour rendre visite à François.

À notre plus grande surprise, énormément de choses avaient changées. Le départ des anciens que nous étions devenus avait laissé place à de nombreux nouveaux visages et l'équipe éducative avait été remplacée dans sa quasi-totalité. Une vague de démissions avait apparemment déferlé, en réponse à des désaccords quant aux méthodes employées par Jass. Et François nous annonça avec une excitation non dissimulée : « Hey les gars ! Truc de ouf, Jass s'est fait virer ! Y'a un nouvel éducateur qui a balancé qu'il frappait les jeunes, du coup il s'est fait éjecter, ahah !

Le nouveau directeur est tout mou, on fait ce qu'on veut ! »

Cette nouvelle avait un côté irréel. Le foyer du Raincy sans Jass… n'était plus le foyer du Raincy. Et il avait quand même fallut que cela se produise à peine quelques mois après notre départ. Je trouvais ça presque injuste de ne pas y avoir assisté.

Sur le chemin du retour, à hauteur du collège Corot, que nous fréquentions à l'époque, nous distinguâmes une silhouette familière. C'était Basile ! Il avait, comme nous, encore beaucoup de ses repères dans cette ville et était venu en pèlerinage. Il était encore plus grand et imposant qu'auparavant et semblait s'être endurci. Il arborait un piercing à chaque oreille et prenait des allures de gangster lorsqu'il s'exprimait.

– Mais où est-ce que t'étais passé ? Tu nous as dit que tu passais le lendemain, et plus aucune nouvelle, t'as disparu !

– Qu'est-ce que tu ferais, toi, si tu rentres chez toi un soir, que tu trouves sur la table un billet de cinquante francs et un mot de ta mère qui dit qu'elle se barre au bled pendant trois mois ? J'étais soulé, mais j'ai pas eu le choix, je suis retourné dans un foyer. Je suis allé dans le foyer de jeunes travailleurs, celui qui est collé au foyer de Ménilmontant.

Je songeais avec beaucoup de peine à l'épreuve que cela avait dû représenter pour lui. Le sentiment d'abandon, doublé de l'obligation de se rendre dans un foyer, quelques temps à peine après en avoir quitté un. Mais j'étais aussi très content de le retrouver, d'autant que nous savions désormais où il se trouvait, et que ce n'était pas si loin de chez nos parents. Papa me l'avait dit à l'époque, et j'avais suivi son conseil « tu prends cette rue, et tu vas tout droit ! » Plus tard, nous sommes donc retournés lui rendre visite.

En tant que foyer pour jeunes adultes, le foyer qu'il occupait semblait bien plus souple en termes de règlement que celui du Raincy. Les jeunes allaient et venaient entre l'intérieur et l'extérieur comme bon leur semblait.

Nous avons passé l'après-midi ensemble, il nous présenta à des copines, devant lesquelles il roulait gentiment des mécaniques. Je voyais doucement se dessiner devant moi ce que je désirais ardemment : ma nouvelle bande de potes mixte avec laquelle sortir et passer mon temps libre. J'étais loin de me douter que ce serait la dernière fois que nous verrions Basile.

Nous sommes retournés rue de Ménilmontant quelques jours après afin de lui rendre une visite qui était pourtant programmée d'avance, il ne se présenta pas. Après de longues minutes passées à l'attendre à l'extérieur du foyer, nous nous sommes décidés à entrer et à nous enquérir de lui. Il n'était pas là. Et nous apprendrons quelques jours plus tard, par téléphone, qu'il ne faisait tout simplement plus partie du foyer.

Nous avons abandonné une nouvelle fois l'idée de le revoir, la tête pleine de questions quant à cette nouvelle disparition soudaine et inexpliquée.

Le doux soleil qui réchauffait les journées printanières précédant les vacances de Pâques de cette même année faisait doucement monter l'excitation chez les jeunes du lycée. Tous les ingrédients étaient réunis : la fin de l'année approchait à grands pas, quinze jours de liberté totale, le tout baigné par un soleil plus qu'agréable. Les arbres étaient couverts de belles et grosses feuilles d'un vert éclatant et les odeurs de verdure se mêlaient à celles de la pollution citadine et des déjections canines non ramassées, cuisant sur le bitume.

Ces vacances étaient pleines de promesses. Elles furent, pour Vincent et moi, d'une vacuité insondable. Les jours et les heures semblaient s'étaler à ne plus en finir. Le couple infernal de l'ennui et la solitude m'avalait dans les ténèbres, j'étais pour la première fois de ma vie dans un état proche de la déprime. Le soleil entrait par la fenêtre, insolent, et venait se déposer sur le sol et les meubles, donnant au décor un caractère sinistre.

Nous avions même tenté de joindre nos anciens amis de foyer en appelant les renseignements téléphoniques, fournissant nom, prénom et dernière ville de résidence connue. Tous demeuraient inconnus au bataillon. Alors, nous sortions nous balader tous les deux, dans les rues de Paris, sans but. Parfois, dépenser quelques sous pour acheter un CD, *Le fond et la forme* de Fabe, constituait notre activité de la journée. Nous nous rendions à pied jusqu'à Saint-Michel pour qu'elle soit la plus remplie possible, traversant l'Île de la Cité sous le regard austère du Palais de Justice.

Déambuler dans les rues de Paris, puis rentrer, toujours aussi seul, alourdissait davantage ma tristesse. Dehors, les journées s'allongeaient, il faisait beau et chaud jusqu'à une heure avancée, les gens sortaient, se retrouvaient, pendant que le spleen me gangrénait. J'étais presque effrayé par mes états d'âmes, sur lesquels j'avais tellement de mal à mettre des mots. Je me disais intérieurement : « ça ira mieux demain, après une bonne nuit », comme lorsque, gamin, je ressentais ce genre d'émotions et que la nuit me les subtilisait pendant mon sommeil. Désormais, la nuit ne suffisait plus à tout effacer et des sentiments désagréables m'habitaient toujours au lever du jour.

Je regrettais amèrement d'avoir balayé d'un revers de la main le soutien psychologique qui m'avait été proposé comme condition de mon retour à domicile par Mme Tardieu. Je le voyais comme une menace, une sorte de surveillance. Je pensais qu'au moindre faux pas, on m'enverrait de nouveau en foyer. Je m'étais présenté aux séances pendant deux mois. La psychologue qui avait à charge d'effectuer ce suivi me proposait nombre d'activités : participer à des ateliers de lecture, rencontrer d'autres jeunes... je refusais systématiquement, et faisais mon possible pour lui faire entendre que je pouvais me passer de ses services. J'étais désormais un jeune homme émancipé, indépendant. Mme Tardieu accéda à ma requête et mit fin au suivi en citant mes propos : « ça ne sert à rien ».

J'avais pensé pouvoir repasser d'un monde à l'autre en claquant des doigts, je m'étais trompé lourdement.

Maman était, à cette époque, le cadet de nos soucis. Elle ne sortait jamais, ne prenait pas soin d'elle, à vrai dire ne se lavait jamais, fumait toujours autant et se gavait d'anxiolytiques et antidépresseurs en tous genres que lui prescrivait à la légère le médecin de famille depuis bon nombre d'années. Elle passait ses heures à ruminer, pleurer et pester contre papa qu'elle évitait désormais comme la peste. Ils ne partageaient d'ailleurs plus la même chambre depuis quelques temps déjà.

Ses délires liés à sa jalousie maladive envers papa tournaient en boucle et nous ne les avions que trop entendus. Nous tentions parfois de lui faire entendre raison lorsqu'elle fondait en larmes, l'accusant de la tromper, mais rien n'y faisait, alors nous abandonnions.

Nous avions de l'amour pour elle, tous, j'en suis certain, mais la situation nous échappait complètement et cette stabilité, toute relative, nous convenait. Elle ne semblait pas heureuse, mais au moins elle était avec nous, sous le même toit, et ses besoins vitaux étaient comblés. Nous estimions, certainement à juste titre, que la responsabilité de son bien-être incombait à papa. Après tout, il était son mari, l'homme de la maison, et nous n'étions encore que des enfants. Nous n'avions pas pleinement conscience de ce qui était en train de se jouer.

Les choses ont commencé à changer presque un an après notre sortie de foyer, pendant que Vincent et moi déprimions à cause de notre solitude subie. Maman avait décidé de ne plus participer aux repas, grignotant de toutes petites portions de nourriture, seule dans sa chambre, ce qui entraina une importante perte de poids et de nombreuses carences. Lorsque l'été arriva, elle n'était plus que l'ombre d'elle-même.

Sylvie, ma sœur ainée, finit par quitter le domicile de mes parents pour s'installer seule dans son propre appartement. Rester toutes ces années sans activité, à côtoyer maman quotidiennement l'entraina à son tour dans une dépression que les médecins mirent un certain temps à diagnostiquer. Les professionnels qui assurèrent son suivi lui conseillèrent, très judicieusement, de prendre ses distances. Maman n'était alors plus entourée que des trois hommes de la maison, et j'étais le seul à lui apporter un minimum d'attention.

Delphine nous rendit visite, nous ne l'avions alors pas revue depuis quelques mois. Lorsqu'elle se trouva face à maman, elles fondirent toutes deux en larmes et tombèrent dans les bras l'une de l'autre. Delphine décida qu'il était grand temps de prendre soin de notre mère et mit en place toute une série d'actions visant à améliorer sa situation, de l'achat de nouveaux vêtements, en passant par des petites sorties organisées avec ses sœurs, au sevrage des antidépresseurs avec l'aide d'un nouveau médecin. Malheureusement, son addiction était telle que la diminution des doses entraina un état de manque, elle fut incapable de quitter son lit pendant plusieurs jours, nous contraignant à faire marche arrière. Ces quelques efforts et bonnes intentions tombèrent définitivement à l'eau.

La section littéraire du lycée Henri Bergson m'ouvrit ses bras pour mon entrée en première. Elle s'était présentée comme une évidence au vu de mes excellents résultats en langues vivantes et en littérature, et des médiocres notes en physique et mathématiques.

Hormis deux autres élèves, mes camarades de seconde étaient quant à eux répartis entre les sections économiques et scientifiques, de sorte que j'intégrais une toute nouvelle classe. Une nouvelle remise à zéro.

J'avais encore une fois espéré qu'elle me serait bénéfique et que mon dossier de demande d'amitié avec un grand A serait étudié par la providence. Je subirais au contraire les conséquences de la loi de l'effet inverse, mes nouveaux camarades de classe étant bien plus snobinards et pas forcément enclins à faire de nouvelles connaissances. Divers petits groupes s'étaient formés, et je me rendrais très vite compte qu'il serait vain de tenter d'établir un quelconque contact avec l'un d'eux, chacun gardant précautionneusement ses distances avec les autres, tels des territoires vivant en autarcie.

Ma confiance en moi, déjà bien ébranlée par l'année passée et mon échec à nouer de véritables liens, s'effritait de jour en jour et finit rapidement par être totalement anéantie.

Physiquement déjà, je ne ressemblais pas à grand-chose. Ma maigre garde-robe était constituée de quelques vêtements que j'avais acquis au foyer et qui avaient plus ou moins survécu. La plupart n'avaient pas réussi à suivre la croissance de mon corps et peinaient à atteindre le bout de mes membres. Papa galérait tellement financièrement que nous acheter des fringues était la dernière de ses priorités. J'essayais alors de jongler avec mes deux ou trois pulls trop petits, je pouvais en garder un sur le dos quatre jours d'affilée ou bien j'alternais entre deux, pour faire illusion. Mais les jeunes sont très observateurs et bien trop attachés à l'apparence, on ne les trompe pas aussi facilement.

On ne s'en rend pas forcément compte quand on a toujours eu cette chance, comme toutes ces choses que l'on tient pour acquises et que seuls la perte et le manque nous font soudainement apprécier, mais ouvrir une armoire pleine de vêtements – au besoin bien pliés et rangés –, pouvoir en porter des propres et différents chaque jour de la semaine est un véritable luxe.

Pour compléter le tableau, outre le côté vestimentaire, d'importants défauts physiques me complexaient énormément. Mes dents de sagesse essayaient de voir le jour, creusant mes gencives et forçant le passage au fond ma mâchoire, si bien que ma dentition, qui tenait pourtant la route jusque-là, partit complètement en freestyle. Mes canines se placèrent royalement au-dessus des autres dents me conférant un sourire digne du Predator. Mes hormones avaient également choisi ce moment pour me faire passer à l'âge adulte, j'avais le visage ravagé par l'acné. Et pour couronner le tout, j'étais tellement myope que mes lunettes ressemblaient à des pots lyonnais et transformaient mes yeux en trous de bite. Je n'avais pas perdu l'habitude de ne les porter qu'en classe, l'effet de surprise était garanti.

Je passerais donc le restant de ma vie de lycéen seul. Profondément seul. Une solitude toute subjective et pourtant bien réelle.

À la maison, ma relation avec Vincent avait fini par se dégrader. De son côté, il était parvenu à lier de nouvelles connaissances avec lesquelles il sortait régulièrement. Nos rapports tournèrent au vinaigre et une frontière se dressa entre nous, à l'image de celle qui divisait la chambre que nous partagions en deux : d'un côté, son bordel, ses fringues entassées au pied du lit ; de l'autre mes affaires bien rangées et mon lit fait au carré, à la façon du foyer.

Au bahut, les seules et uniques personnes avec qui j'avais des échanges étaient mes deux camarades de seconde, dont l'un n'était intéressé que par la béquille, ou devrais-je dire le tremplin que je représentais pour lui. Il n'en branlait pas une et passait son temps à recopier mes devoirs et contrôles au mot près. Nos échanges étaient d'une platitude sans nom et à part lors des quelques cours que j'avais en commun avec eux, je restais la plupart du temps seul, dans mon brouillard de myope, persuadé que les autres élèves me dévisageaient et se moquaient de ma dégaine et ma gueule moche.

Je me dévouais alors complètement à mes études, mes devoirs étaient toujours faits (à la maison je n'avais de toute façon que ça à faire pour tuer le temps), mes résultats étaient excellents. J'aimais autant les langues vivantes que la philosophie, qui m'ouvrait la porte au monde des mots. Je me disais qu'à défaut de réussir ma vie amicale, obtenir mon bac serait la première dalle d'un chemin qui me mènerait vers la réussite professionnelle, et donc un statut social qui me permettrait d'améliorer mes conditions de vie. D'abord parce que je pourrais quitter le domicile parental, et ensuite parce qu'il me serait enfin possible de prendre soin de mon physique et m'acheter de quoi m'habiller. Une fois de plus, mon bonheur était ajourné, mais je le savais au plus profond de moi-même, je finirais par l'atteindre. « J'affirme et jure que ma vie future sera fine et pure »[9], rappaient les Sages Poètes de la Rue.

---

[9] Les Sages Poètes de la Rue, "Bons baisers du poste" – *La Haine* (musiques inspirées du film), 1995

En attendant, ma vie ne se résumait qu'à étudier et ne sortir que pour aller du lycée à la maison et de la maison au lycée. Le week-end, je me postais parfois devant la fenêtre, observant la rue avec une avidité de détenu. Les hauts immeubles de l'avenue Jean Jaurès, les mêmes qui se dressaient devant moi lorsque j'étais gamin, semblaient vouloir me cacher l'horizon, l'aventure et l'avenir plus radieux qui m'attendaient. Parfois, j'entrouvrais la fenêtre, l'air pollué de Paris, et frais comparé à l'odeur de renfermé qui régnait dans l'appartement, entrait directement dans mes narines et me procurait à la fois plaisir et désespoir.

Je me creusais parfois la tête pour essayer d'y trouver un moyen de mettre fin à cette solitude et à la souffrance qu'elle générait en moi. Comment créer des liens avec de nouvelles personnes ? Quelle connaissance pouvais-je contacter ? Je savais au fond de moi que c'était tout ce dont j'avais besoin : un compagnon avec qui échanger, rire, arpenter les rues de Paris, et m'enivrer d'air, de ciel, de nuages, de bitume… de vie, en somme.

Je pensais souvent dans ces moments-là à mon cousin Gabriel, que je considérais comme mon meilleur ami. Il vivait avec ses parents dans le quinzième arrondissement de la capitale, dans la même ville que moi, et pourtant, nous ne nous voyions qu'en de rares occasions : l'été au Portugal, à Noël, et de temps en temps au cours de l'année lorsque mon père leur rendait visite.

Nous étions incroyablement proches et malgré le temps écoulé entre deux rencontres, le courant passait entre nous avec la même fluidité que si nous nous étions vus la veille. On dit souvent que c'est à ça qu'on reconnaît les vrais amis. Les premières minutes, nous nous regardions en silence, riant dans notre barbe, un brin intimidés. Et puis il suffisait que l'un de nous sorte une connerie de la rencontre précédente pour que toute gêne s'évapore instantanément.

Étrangement, je considérais que je n'avais pas le droit de chercher à le voir en dehors des quelques fois où nos parents l'avaient décidé. Ces moments magiques étaient soumis à leur bon vouloir. Si j'avais passé mes années de placement à attendre l'été dans l'espoir de rentrer chez moi, de retrouver mon doux foyer, je l'attendais désormais pour retrouver mon meilleur ami, pour les vacances au Portugal et le sentiment de vie qu'elles me procuraient.

Le mois que nous passions là-bas, chaque année sans exception, contrastait considérablement avec les onze autres mois de l'année. J'y avais ma famille, un nombre incalculable d'amis et même, malgré mon physique ingrat, des petites amies. Restaurants, baignades, soirées alcoolisées… le retour à la vie parisienne ne manquait jamais de me miner le moral, il me fallait souvent plusieurs semaines pour m'en remettre et poursuivre mon quotidien de jeune étudiant boutonneux solitaire.

L'internement de maman en hôpital psychiatrique sera le coup de grâce, une « Fatality »[10] spéciale du destin.

Un matin de novembre, à sept heures, le réveil venait tout juste de sonner, papa se préparait pour partir au boulot, Vincent et moi pour aller en cours. Il faisait encore nuit dehors, les lumières de l'appartement s'allumaient au fil de nos déplacements d'une pièce à l'autre. J'enfilai un pull dans lequel auraient pu tenir deux comme moi et mes lunettes style François Damiens dans *Dikkenek*, lorsque maman sortit brutalement de sa chambre, fonça en direction de papa et se mit à hurler en prononçant un discours incompréhensible à propos de sa sœur, d'héritage, d'argent volé. Plus on essayait de la calmer, et plus les hurlements s'intensifiaient, elle était incontrôlable, ses yeux embués, ses joues dégoulinantes de larmes, sa bouche traversée par de longs filets de morve.

Son histoire, je la connaissais. Elle m'avait fait promettre de ne rien raconter à papa, menaçant de mettre fin à ses jours si je m'y aventurais. L'été précédent, au cours duquel Delphine tenta d'améliorer les choses, des sorties étaient organisées avec l'une des sœurs de maman pour qu'elle puisse, de temps en temps, mettre les pieds en dehors de l'appart'. Un beau jour,

---

[10] Fatality est le nom donné à une fonctionnalité de jeu de la série de jeux vidéo de combat Mortal Kombat, dans laquelle le vainqueur du dernier tour d'un match inflige un coup de grâce brutal et horrible à son adversaire vaincu. (Wikipédia)

elle se pointa avec une autre sœur qui, du jour au lendemain, se mit à lui rendre visite quotidiennement.

Elles sortaient ensemble, et à leur retour, je ne pouvais m'empêcher de remarquer que le visage de maman était décomposé, il se passait quelque chose pendant ces sorties qui la torturait. J'avais beaucoup d'amour et de tendresse pour maman, et elle avait confiance en moi, il ne me fallut donc pas beaucoup insister pour connaître le fin mot de l'histoire.

Maman avait, au décès de ses parents, qui aggrava sa dépression, hérité d'une petite somme d'argent. À peine dix mille francs, qu'elle gardait sur un compte épargne, mais qui devaient représenter pour elle tout l'or du monde. D'abord parce qu'ayant été mère au foyer pendant la majeure partie de sa vie, elle n'avait jamais eu en sa possession une telle somme. Ensuite, parce que cet argent venait de ses parents, qu'elle chérissait, et qu'il était pour elle une sorte de sécurité, une garantie. Elle disait toujours qu'elle trouverait un jour le courage de quitter mon père et refaire sa vie grâce à cet argent. Sa sœur, qui savait que chacun des treize enfants de la fratrie avait touché sa petite part de l'héritage, venait donc chaque jour l'en délester d'une petite partie, jusqu'à ce qu'il n'en reste plus rien.

J'étais dans une colère noire et j'avais bien l'intention de tout raconter à papa, qui n'était même pas au courant pour l'héritage, et de faire sortir de chez nous et de nos vies cette tante voleuse et opportuniste à coups de pieds au cul…

Maman était visiblement torturée par des sentiments contradictoires. D'un côté, la tristesse et la blessure infligées par le vol de son héritage, de l'autre la culpabilité de l'avoir caché à papa, mais aussi envers sa sœur, qui se plaçait en victime.

Pendant les jours qui s'ensuivirent, je fus à mon tour déchiré, d'un côté par la colère et l'envie de faire intervenir papa, de venir en aide à maman, de l'autre par la peur qu'elle ne mette sa menace à exécution. En rentrant du lycée, un après-midi, alors que j'avais réuni assez de courage pour tout raconter au paternel, convaincu après de longues tergiversations que c'était la meilleure des solutions, je remarquai que la porte-fenêtre donnant sur le balcon avait été ouverte, et le meuble se trouvant au-devant et empêchant sa complète ouverture avait été déplacé. Personne à la maison ne se rendait jamais sur ce balcon, encore moins maman... ce qui signifiait que des idées noires lui avaient bel et bien traversé l'esprit. Je me ravisai donc...

Plusieurs signes dans son comportement m'effrayaient. Elle semblait complètement confuse, se parlait à elle-même, je pouvais voir ses lèvres remuer, son regard dans le vide. Lorsque je l'appelais, une fois, puis deux, puis une troisième fois un peu plus fort, elle sursautait comme si je l'avais surprise au beau milieu d'une intense réflexion, comme si son esprit vagabondait à des kilomètres de nous puis regagnait sa boîte crânienne, brutalement ramené à la réalité. « Elle va me faire enfermer à l'asile de fous ! » répétait-elle en boucle à propos de sa sœur, comme une prédiction, ou ironiquement un regard lucide sur elle-même.

Dans ma famille, les émotions et les sentiments ne se verbalisaient pas, jamais, et nous avions tellement été habitués à l'absence d'affection que nous étions incapables d'exprimer les sentiments d'amour que nous avions les uns pour les autres. Dans le même ordre d'idées, il m'aura fallu quitter le domicile parental et atteindre l'âge de trente ans pour faire la bise à papa lors de nos rencontres plutôt qu'une froide poignée de main, dont il était d'ailleurs à l'initiative, balbutiant dans sa barbe « allez… soin de toi… ciao ! » À tel point que j'étais tétanisé à l'idée de l'appeler à l'aide, de lui signaler que maman allait mal… j'avais envie de crier, de lui dire qu'il y avait urgence, mais ça aurait signifié devenir transparent, dévoiler mon cœur, un aveu de faiblesse…

En raison du peu de contacts qu'ils avaient l'un avec l'autre et parce que maman le fuyait dès qu'il rentrait du boulot, cela prit un certain temps, mais il finit par se rendre compte que quelque chose ne tournait pas rond. La tête de maman en l'occurrence. Un soir, alors qu'il en fit la remarque à voix haute, je sautai sur l'occasion pour lui dire que je l'avais remarqué aussi, et qu'il était nécessaire qu'elle aille voir un médecin. Le rendez-vous fut pris… mais il était déjà bien trop tard. Ce matin-là, lorsqu'elle sortit de sa chambre en furie, elle devait avoir passé la nuit entière à ruminer jusqu'à ce que le maigre fil qui la rattachait à la raison, ravagée par des années de dépression et de consommation de médocs, ne finisse par céder.

Désemparé, papa se tourna vers moi et demanda : « Qu'est-ce qu'on fait ? On appelle la police ? » J'acquiesçai à la hâte, sans vraiment savoir si c'était la meilleure des solutions, mais sur le moment, je voulais plus que tout mettre fin aux cris de maman qui me glaçaient le sang, et j'y voyais une opportunité pour que des soins appropriés lui soient enfin apportés.

J'apprendrais quelques années plus tard, non sans ressentir une profonde déchirure au cœur, que ce choix fut loin d'être judicieux, lorsqu'elle me raconterait le traitement que lui réservèrent les policiers : usage de la force, douche froide et cellule, comme si elle était la dernière des criminelles.

Ce matin de novembre fut le point de départ d'un véritable enfer qui durera une décennie. Maman ne passera pas moins de dix années entières à faire des allers et retours entre les hôpitaux psy et la maison, changeant de personnalité et d'apparence au gré des différents traitements expérimentés, tantôt douce et craintive comme un agneau, tantôt hystérique et violente aussi bien verbalement que physiquement.

Le premier internement, à l'hôpital Sainte-Anne, fut sans doute le plus long. Il dura plus de six mois, pendant lesquels ses enfants n'étaient même pas autorisés à lui rendre visite pour éviter tout chamboulement émotionnel. C'est à partir de là que le rôle et l'implication de papa prirent un nouveau tournant. Loin de la laisser à son triste sort, il lui rendait au contraire visite régulièrement, en semaine comme le week-end, la ravitaillait en cigarettes, lui apportait du linge propre et repartait avec le sale.

S'entretenir avec l'équipe médicale, et notamment le psychiatre qui la suivait, lui avait fait prendre conscience d'une réalité qu'il ignorait complètement, lui qui avait grandi dans une campagne reculée du Portugal n'avait que peu entendu parler de neurones, de dépression et maladie mentale… Selon ses dires, pendant les premiers mois d'internement, lui rendre visite était très éprouvant tant elle faisait peine à voir. Ça avait dû lui faire l'effet d'un électrochoc, lui qui l'avait connue jeune et si belle, avec ses beaux yeux clairs.

Maman me racontera quelques années plus tard, dans un moment de calme et de lucidité, qu'elle avait fait rire son psychiatre aux éclats lors de leur première rencontre lorsqu'elle l'implora : « Docteur, guérissez-moi ! », ce à quoi il répondit qu'il n'était malheureusement pas magicien.

Elle fut ensuite autorisée à nous rendre visite le week-end. Après avoir passé plus de six années à aller chercher ses enfants en foyer et à les y redéposer le dimanche soir, papa faisait désormais les mêmes aller-retours pour sa femme internée.

Lorsqu'elle arriva à la maison le jour de la première visite, elle avait les yeux écarquillés et le regard fixe, visiblement sous l'effet d'un psychotrope. Elle s'approchait de nous, prononçant un « bonjour » à peine audible et au bord des larmes. Vincent et moi la regardions, figés, ne sachant pas trop comment réagir, lorsque papa nous sortit de notre torpeur : « Vous pouvez quand même l'embrasser, non ? C'est votre mère, pas un chien ! »

Ayant bénéficié, étant gamin, d'une éducation émotionnelle quasi nulle, je trouvai cette remarque quelque peu vexante et déplacée, mais avec le recul, en repensant à cet épisode, j'étais très heureux qu'il l'eût faite, car elle prouvait qu'il faisait enfin preuve d'empathie et d'affection à son égard, et sans son intervention, nous n'aurions sans doute pas amorcé ce qui devint ensuite un rituel : embrasser notre mère pour lui dire bonjour et au revoir. Cela peut sans doute paraître grotesque, mais avant ce jour, le nombre de baisers échangés avec maman pouvait se compter sur les doigts d'une main, amputée de trois doigts. Et même si ceux-là étaient échangés avec beaucoup de distance et de gêne, ils n'en demeuraient pas moins des marques d'affection dont elle devait cruellement manquer, et dont elle avait définitivement besoin.

Elle fut ensuite autorisée à regagner le domicile, avec sa liste de médicaments aussi longue qu'un bras, et c'est à partir de là que le cycle infernal des entrées et sorties débuta. Les premiers mois, un semblant de stabilité s'était installé, j'étais comme soulagé que ce séjour en hôpital psy se soit soldé par un retour à la normale, en mieux.

Mais un soir, alors que je rentrai un peu plus tard que d'habitude des cours, la nuit était déjà tombée, je la trouvai seule dans l'appartement plongé dans la pénombre. Elle se leva, se dirigea vers moi, et me servit des hurlements qui me renvoyèrent quelques mois en arrière, lorsqu'elle fut internée pour la première fois. Elle vociférait, à en faire trembler les murs, à propos de papa qui n'était pas encore rentré parce qu'il était avec sa maitresse. Tous mes espoirs s'effondraient en un instant. C'était comme si ses vieux démons, endormis au fond de sa psyché par les substances chimiques, avaient réussi à se frayer un chemin vers la surface.

Les internements se sont alors enchainés, et avec eux les changements de personnalité. Un internement pouvait durer plusieurs mois ou quelques semaines. Parfois, maman rentrait à la maison, puis était renvoyée à l'hôpital à peine vingt-quatre heures après. Elle se rendait dans un centre médico-psychologique, où elle était attendue quotidiennement pour y prendre son traitement, et nous recevions un coup de téléphone nous informant qu'elle avait été transférée dans un hôpital, son état ayant été jugé alarmant.

D'autres fois, à l'inverse, les choses ne se faisaient pas aussi facilement. Alors qu'elle pouvait être, après une hospitalisation, craintive et faible, osant à peine marcher sans se tenir aux meubles, elle pouvait aussi se révéler, selon les cachetons avalés, pleine d'énergie et de violence, incontrôlable.

Nous décidions alors de prendre contact avec l'administration hospitalière de notre propre chef pour demander un internement, pour sa sécurité ainsi que pour la nôtre. Mais on nous répondait alors qu'elle n'avait pas sa place à l'hôpital, qu'il n'y avait de toute façon pas de lit disponible. En attendant, nous devions gérer une maman complètement hystérique, qui pouvait sur un coup de tête sortir de l'appartement à minuit, pour être raccompagnée par la police à trois heures du matin après avoir traversé tout Paris, seule, et qui nous insultait ou nous menaçait à longueur de journées. Elle était physiquement méconnaissable, la démence se reflétant sur les traits de son visage. J'étais à la fois agacé par ses agissements et plein de peine et d'empathie. Je voulais plus que tout la protéger, mais sa maladie me donnait du fil à retordre.

Nous étions à mille lieux de pouvoir ne serait-ce qu'imaginer la souffrance qu'elle traversait. Celle-ci pouvait être tellement intense, qu'elle demandait elle-même à être admise à l'hôpital. Pour parvenir à ses fins, il lui était arrivé de feindre un malaise vagal, un samedi après-midi, alors que papa travaillait pour arrondir ses fins de mois. Apeuré, j'appelai le SAMU. Le médecin qui se présenta ne décela rien d'anormal lorsqu'elle ausculta maman... si ce n'est un grand état d'agitation. Ayant des compétences dans le domaine psychiatrique, elle comprit très vite la situation et décida d'accéder à sa requête.

Elle appela la clinique Rémy de Gourmont, située dans le même arrondissement que le nôtre, non loin du parc des Buttes Chaumont, et après avoir obtenu la confirmation qu'un lit était disponible, me remit une ordonnance à destination du personnel de la clinique. Après en avoir informé papa, j'appelai un taxi pour y accompagner maman. À l'intérieur, je ne cessais de me répéter : « Bordel… j'emmène ma propre mère se faire interner » Je trouvais la situation complètement injuste, le mauvais sort semblait vouloir s'acharner sur nous, et il fallait, en plus, que ce soit moi, personnellement, qui porte le poids de cette épreuve.

Dire au revoir à maman, tourner les talons et la laisser seule dans cet endroit sordide deviendra plus tard une habitude qui, pour autant, ne diminuera en rien l'intensité du chagrin qu'elle provoquait. Arrivés à la réception, un jeune homme à lunettes et blouse blanche nous accueillit, et annonça après avoir lancé un coup d'œil furtif à l'ordonnance : « Ah oui, vous êtes attendus. » Nous nous sommes dirigés vers une double porte blanche, puis tout en se tournant vers moi et en me stoppant d'un geste de la main, il m'informa de manière un peu abrupte : « C'est bon, à partir de là, nous prenons les choses en main. »

Maman tourna légèrement la tête, et juste avant que la double porte ne se referme devant mon nez, me lança du coin de l'œil, avec son iris couleur bleu océan, un regard plein de douceur comme si j'étais, de nous deux, celui qui avait le plus besoin d'être consolé.

Je pris le chemin du retour, dans l'air frais du crépuscule, trainant mon boulet de tristesse sur le bitume.

« Votre maman est un cas vraiment très difficile à prendre en charge », nous déclaraient ses médecins successifs. En plus de cette maladie mentale, qui portait le joli nom de schizophrénie à tendance paranoïaque, maman souffrait d'autres pathologies somatiques telles que le diabète, l'obésité et des problèmes cardiaques qui compliquaient la tâche de l'administration hospitalière. Ils affirmaient qu'en France, des établissements capables de gérer les deux dimensions, le psy et le somatique, étaient inexistants, ou très rares. Dans de telles circonstances, et parce que maman semblait avoir un entourage qui lui prodiguait les soins adéquats, ils jugeaient préférable, pour son bien-être, qu'elle regagne le domicile dès qu'elle retrouvait un semblant d'équilibre.

C'était donc à nous de devoir la gérer au quotidien, et la tâche était quelque peu ardue : préparer le pilulier pour la semaine qui, une fois plein, ressemblait à une boite de Smarties, tests de glycémie réguliers, piqûres d'insuline dans le ventre ou les cuisses, répondre à ses questions qu'elle pouvait poser en boucle toute la journée durant, sans se lasser ni jamais en changer l'intonation, la rassurer quand elle entendait des voix agressives qui l'insultaient ou lui ordonnaient d'agir contre son gré, etc.

L'empêcher de manger tout ce qui lui tombait sous la main s'avérait particulièrement délicat, l'un des effets indésirables de son traitement étant la stimulation de l'appétit, elle pouvait passer son temps le nez dans le frigo et mettre sa santé en danger en faisant grimper sa glycémie à des taux incroyablement élevés. Il lui était arrivé à plusieurs reprises de frôler la mort en allant grignoter en pleine nuit jusqu'à en faire des malaises. Nous appelions alors le SAMU qui l'emmenait pour une hospitalisation d'urgence. J'entendis une fois l'urgentiste confier à papa : « Si vous m'aviez appelé une demi-heure plus tard, elle y restait… » J'en fus malade et passai le reste de la nuit éveillé, incapable de me rendormir.

Aux grands maux, les grands remèdes, pour éviter le grignotage nocturne et ses envies de prendre le large, papa prit la décision de l'enfermer à clef dans sa chambre. Je trouvais ce procédé horrible, j'avais le sentiment que nous la traitions comme un animal, mais il fallait absolument la protéger d'elle-même. La sermonner ou essayer de lui faire comprendre qu'elle mettait sa vie en danger n'y changeait rien.

La nuit, je l'entendais avoir des cauchemars violents ou batailler contre ses hallucinations auditives. Il n'était pas rare qu'elles soient accentuées par la prise d'un nouveau médicament, je l'entendais alors crier à voix basse dans l'entrebâillement de la porte : « Vincent, éteins-moi cette musique horrible ! » Sa voix semblait provenir tout droit de l'au-delà, j'en avais la chair de poule.

J'étais devenu un fin connaisseur des psychotropes, à force de lire les notices des cachets qu'elle avalait dans le but d'en connaître les actions et d'être au fait des effets secondaires auxquels il fallait s'attendre. J'en informais alors son équipe médicale pour qu'ils corrigent le tir, soit le traitement en lui-même, soit le dosage, mais il n'était pas admissible qu'un traitement supposé la soulager lui provoque des hallucinations ou lui donne des crises de narcolepsie.

À toute cette agitation nocturne, venait s'ajouter le problème de l'urine, car il fallait bien qu'elle puisse faire ses besoins et, pour ce faire, nous laissions à sa disposition un pot de chambre. Malheureusement, entre les pertes d'équilibre et les émissions anormalement abondantes d'urines dues au diabète, la moitié finissait à côté… Je devais parfois me lever au beau au milieu de la nuit, je sautais hors de mon lit dès que j'entendais le liquide se répandre sur le sol et passais un coup de serpillère, les yeux ensommeillés, ou bien je découvrais le carnage au petit matin en lui ouvrant la porte.

Sa chambre était digne d'un décor de film dont l'action se déroulerait dans un ancien hôpital psychiatrique mal entretenu, un vrai Shutter Island sous notre toit. Tout y était glauque et sinistre : de l'éclairage au mobilier, sans omettre le plancher imbibé de pisse, sur lequel gisaient ses vieux disques vinyles dont la pochette, imprégnée, avait fini par fusionner avec le bois.

Même les séjours au Portugal, qui étaient censés incarner mon bol d'air annuel, mes échappatoires vers la « vraie vie », s'en retrouvaient gâchés. Maman passait son temps enfermée à la maison, je lui rendais régulièrement visite, entre deux virées avec les copains, pour m'assurer que tout allait bien, et c'était souvent loin d'être le cas. En proie à des crises de paranoïa et délires de persécution, elle me demandait en boucle : « Tu crois que ton père va me couper la tête ? » Je finissais par perdre patience, après avoir répondu une bonne vingtaine de fois à la question, tenté de la rassurer de mille manières possibles, et retournais à mes affaires le cœur et l'esprit tourmentés. Ses démons étaient trop forts pour moi, je n'étais pas de taille.

« Le bac ? On parle bien du baccalauréat, tu as eu ton bac ? », demanda papa, incrédule. « Oui papa, et avec mention. » Il était tellement persuadé que ses enfants seraient tous en échec scolaire qu'il eut du mal à en croire ses oreilles.

Aucune surprise de mon côté. Mes bons résultats, parfois obtenus avec peu d'efforts, mon assiduité et mon implication, due en grande partie à mon éternelle solitude, ne m'avaient laissé aucun doute là-dessus. En revanche, savoir vers quel métier m'orienter était une autre paire de manche, je n'en avais pas la moindre idée.

Pour ce genre de questions, je me tournais naturellement vers la personne de la famille qui avait le plus la tête sur les épaules et qui endossa, malgré elle, le rôle de mère : ma sœur Delphine. Elle vivait désormais en couple et faisait en sorte de garder ses distances avec sa famille, afin qu'elle ne l'empêche pas de construire la sienne. Nous ne la voyions qu'à Noël, le reste du temps, je lui faisais des rapports par téléphone sur la situation familiale et j'en profitais alors pour lui demander conseil. Nous pouvions passer des heures au téléphone, elle me lisait des listes interminables de noms de métiers, s'attardait sur les descriptifs de ceux qui attiraient mon attention, de manière totalement subjective, aléatoire et infondée. Et puis je finissais par faire un choix, sans aucune conviction, parce qu'il fallait en faire un.

C'est ainsi que j'atterris à la rentrée suivante dans une filière que j'abandonnerais à peine quinze jours après y être entré. Je ne m'y sentais pas à ma place. Je ne saurais dire, aujourd'hui encore, quel rôle aura joué le polaroïd de ma vie sur cette décision, tout me semblait tellement absurde. Alors le jour où papa avait prévu de m'emmener acheter les bouquins scolaires (ce qui m'encouragea car je ne souhaitais pas le voir débourser une telle somme – les livres scolaires coûtant affreusement cher – pour rien), je réussis à vomir le poids qui pesait sur ma poitrine et à lui faire part de mon intention de ne pas poursuivre dans cette direction.

Évidemment, lui annoncer que je voulais faire une pause d'un an dans mes études ne manqua pas d'ajouter de l'eau au moulin de son angoisse. Je le rassurai en lui exposant mon plan qui consistait à trouver un emploi, en profiter pour passer mon permis de conduire et soigner ma dentition en initiant un traitement orthodontique.

Je décrochai alors un boulot d'agent de sécurité. Moi qui trainais toujours ma silhouette efflanquée, il y avait de quoi en rire. Mais c'est ainsi que je débutai une reconstruction, à commencer par mon apparence physique, que me permit l'acquisition d'un salaire dûment gagné. J'avais déjà réussi à me débarrasser de mon acné à coup d'Eau Précieuse et en laissant pousser ma barbe pendant quelques semaines. Le port de lentilles de contact, pour remplacer mes télescopes astronomiques, et d'un appareil en vue de corriger mon sourire furent d'autres pas décisifs. Ce fut aussi l'occasion de pouvoir m'acheter quelques fringues à ma taille.

Côtoyer le monde professionnel, malgré un départ plutôt compliqué, fit légèrement grimper ma confiance en moi. Je me rendais au boulot en costume et cravate, ce qui ne manqua pas de provoquer un certain inconfort dans les premières semaines, qui se dissipa avec l'habitude.

Ma routine était bien installée, mes horaires décalés me permettaient de profiter d'une bonne partie de la journée. Je passais un peu de temps avec maman lorsqu'elle était là, mais les internements n'en finissaient pas. En rentrant du boulot, un soir, mon père m'annonce, après un séjour relativement long, que maman est de retour. Je me dirige vers sa chambre, et la trouve assise sur son lit, regardant la télé. Ou plutôt... les yeux dans le vide, devant l'écran de télé allumé. Son regard ne trompait pas, son esprit était à mille lieux de là, ou bien complètement anesthésié. Son corps, lui, montrait une prise de poids évidente. Je l'embrassai et allai mettre les pieds sous la table, devant une assiette fumante que papa m'avait préparée. Maman sortit de sa chambre d'un pas lent, se dirigea vers moi, et me caressa la tête en murmurant : « T'es beau », les yeux gonflés de fatigue. Le lendemain, après ma journée de travail, à ma grande stupéfaction, elle n'était déjà plus là.

« Pas de problèmes ! », répondit-il avec un enthousiasme palpable.

Une idée m'étais passée par la tête : pourquoi ne pas appeler Gabriel, et lui proposer de passer une journée à EuroDisney ? « Après tout, on est majeurs maintenant, pourquoi on ne pourrait pas se retrouver dans un lieu neutre, loin de nos parents... », pensai-je. Dit comme ça, ça me paraissait simple et on ne peut plus légitime. Malgré tout, je ne pouvais pas m'empêcher d'avoir la tremblote et le cœur qui battait la chamade lorsque je décrochais le combiné du téléphone. Je le prenais, le portais à mon oreille, puis le déposais aussitôt, pris de doutes. Et puis je me suis lancé. « Au pire il refuse, et ça sera tant pis, allez ciao, à la prochaine ! »

Je fis ma proposition d'une voix peu naturelle, étouffée par l'angoisse, comme si je m'apprêtais à demander la lune. Sa réponse franche fut un soulagement, et la journée passée ensemble, à la hauteur de mes attentes. Le soir, dans le métro parisien, en route vers le domicile, je pensai : « C'est donc ça la vie ? Des jours, des semaines, des mois de souffrance, et puis de temps en temps un rayon de soleil perce les nuages, furtif, il passe, nous éclaire, et nous laisse là, seuls et pleins de nostalgie… »

Nouvelle rentrée, nouveau choix par défaut, j'entrais à la fac de Jussieu pour y intégrer la filière de langues étrangères appliquées.

L'ironie du sort voulut que je retrouve deux anciens camarades de terminale, un gars et une fille, qui, à l'époque, ne m'adressaient pas la parole, et avec qui finalement je passerais beaucoup de temps, en cours et pendant les nombreux interclasses. D'autres se joignirent à nous, et nous finîmes par constituer un petit groupe.

Tout doucement, les choses commençaient à changer. J'avais pas mal évolué physiquement et ma confiance en moi avait légèrement grimpé, de sorte que je n'eus pas trop de difficulté à entrer en contact, de mon côté, avec d'autres camarades de classe, plantant ci et là de petites graines d'amitié. Les occasions de se voir en dehors des cours étaient à mon goût toujours trop rares, mais même occasionnelles, elles me procuraient une joie certaine. Je n'avais jamais autant la sensation de me sentir vivant que lorsque j'étais dehors avec l'un d'eux, que ma rétine pouvait s'abreuver de paysages urbains nouveaux, de la ville qui m'a vu grandir, que je connaissais finalement si peu.

Oniriques, est certainement l'adjectif qui qualifierait le mieux ces deux années passées à la fac. Le rythme en définitive peu soutenu, les quelques cours éparpillés sur toute la semaine et l'absence d'obligation de présence aux amphithéâtres, firent de mon séjour dans cet établissement une promenade de santé. Les grasses matinées étaient fréquentes, j'avais du temps libre à profusion et parfois je ne trouvais même pas la motivation pour aller au seul cours de la journée.

C'est aussi pendant ces années-là que je fumai mes premiers joints. Je retrouvais mes camarades dans l'enceinte de la fac, nous fumions avant d'aller en cours et perdions parfois (souvent) la motivation pour nous y rendre. Nous restions alors ensemble et en profitions pour en fumer deux ou trois autres en discutant et attendant la fin de la journée, souvent posés au pieds de la tour centrale qui accueillait les locaux de la direction. Puis chacun rentrait chez soi.

À l'instar de Baudelaire, le cannabis, ce paradis artificiel, me faisait accéder au monde des correspondances, « les parfums, les couleurs et les sons » se répondaient. Il m'aidait à accéder plus facilement à une dimension dans laquelle j'aime à me rendre, où tout paraît plus beau, où la poésie du monde se révèle à nos yeux. J'adorais rentrer chez moi, l'esprit baignant dans une douce euphorie. J'admirais la rue, ses trottoirs, ses immeubles, des échos du passé retentissaient, un passé bienheureux, d'enfant innocent et insouciant, et ma joie grimpait encore d'un cran. Arrivé à la maison, j'insérais dans le lecteur CD *Les liaisons dangereuses,* de Doc Gynéco, j'ouvrais la fenêtre pour admirer le ciel couvert de lourds nuages gris aux contours bien dessinés, recouvrant le monde tel un couvercle protecteur, je laissais entrer la douceur de l'air dans ma chambre, et je me posais sur mon lit, savourant ces instants, tous les sens en éveil, le cœur porté par un profond sentiment de plénitude que je n'avais jamais ressenti auparavant.

Je déplorais souvent le fait d'avoir une telle capacité à apprécier la vie, l'instant présent et la beauté du monde, transporté par la musique, une odeur, ou le mélange des deux, à pouvoir provoquer parfois par la seule force de l'esprit un état proche de l'extase – entendons-nous bien : même en dehors de l'influence d'un psychotrope – et d'avoir à l'inverse si peu d'occasions pour l'exercer et l'apprécier en dehors de chez moi.

Pendant ces deux années, je me contentais du minimum. Je faisais en sorte d'avoir l'intégralité des cours écrits pour combler les trous, puis quinze jours avant les partiels, je remettais de l'ordre dans ma méthodologie et apprenais par cœur les cours théoriques. Le jour des examens, je ressentais une sorte d'excitation. J'étais prêt, et je le savais. Tout le savoir que j'avais accumulé dans ma tête en si peu de temps flottait dans mon cerveau comme des bulles bien compartimentées, qui ne demandaient qu'à exploser et à se déverser sur mes copies. Et c'est exactement ce qui se produisait. À peine devant ma feuille, je restituais, parfois à la virgule près, la partie théorique du cours. Bien sûr, une bonne maitrise des langues et de la méthodologie étaient tout de même nécessaires pour pouvoir effectuer une analyse de texte ou une rédaction.

Tout ceci me permit d'obtenir mon diplôme d'études universitaires générales sans même passer par une seule session de rattrapage, et sans fournir d'effort titanesque.

À défaut de pouvoir sortir avec Gabriel régulièrement, je l'appelais. Nous pouvions passer plusieurs heures au téléphone et nous raccrochions, l'oreille chaude et les yeux larmoyants d'avoir tant ri.

Un jour, notre conversation s'interrompt, j'entends sa mère lui parler, puis il poursuit : « Hey, ma mère propose que tu viennes passer samedi à la maison la semaine prochaine, et pourquoi pas que tu restes dormir ? » Ce fut le point de départ d'un rituel qui se répéta de semaine en semaine et qui, petit à petit, nous fit sortir de nos cocons respectifs.

Les rencontres se faisaient dans un premier temps exclusivement chez ses parents, où je passais la nuit du samedi, pour rentrer chez les miens le dimanche matin. Puis, vinrent les premières sorties dans les bars, les premières cuites pas chères avec une ou deux bières, d'autres potes qui viennent se greffer à nous… Et enfin, l'accès à la vraie vie de manière durable. Des amis, des sorties, des restos, des activités, de l'échange, des rires… La vie à la maison pouvait bien être un enfer, j'avais mon petit coin de paradis.

Je décrochai une nouvelle fois le téléphone. Pour appeler Delphine cette fois, ma conseillère. « Écoute, je ne sais pas quoi faire, la fac, je ne sais pas où ça me mène. J'ai choisi ça pour les langues, mais j'ai pas envie d'être prof, ni traducteur, ni interprète… et puis combien d'années encore ? Je crois qu'il est temps pour moi de quitter au plus vite le domicile des parents, pour pouvoir construire ma vie, à moi ! »

Lourde responsabilité que celle de conseiller son frère dans le choix de sa vie professionnelle, surtout quand il n'a pas la moindre idée de ce qu'il souhaite faire. Elle s'y essaya pourtant, et après avoir fait le tour des possibilités, me conseilla un BTS : « Au moins, c'est court, après tu prends un taf, et au pire tu seras pas prisonnier, tu pourras toujours changer. L'expérience, ça compte aussi ! »

Séduit par le plan d'action, j'acquiesçais. Et c'est ainsi que j'entrai au Lycée Edgar Quinet à Paris, où j'obtins mon BTS haut la main, en explosant toutes les statistiques en termes d'assiduité et de résultats. Tous les professeurs m'encourageaient à poursuivre mes études : « Vous avez d'énormes capacités, ne vous arrêtez pas maintenant ! » Mais ma décision était prise. Je ne pouvais tout simplement pas me permettre de me lancer dans des études longues. Je voulais mon indépendance, mon intimité, mon chez-moi bien propre et bien rangé. Toutes ces choses auxquelles je n'aurais pas accès tant que je vivrais chez mes parents et en partageant ma chambre avec Vincent, dont la personnalité s'était d'ailleurs radoucie.

La crise d'identité par laquelle il semblait être passée était révolue. Je n'avais nourri aucune rancœur à son encontre, malgré les multiples frictions qui avaient eu lieu entre nous, ça avait été sa manière à lui, pensai-je, de gérer sa transition entre la vie en foyer et le retour à domicile, sa manière de se chercher une identité, d'essayer de plaire aux autres et se faire accepter.

Quant à papa, pendant toutes ces années, sans jamais flancher ni se plaindre, il travaillait, faisait les courses, cuisinait, rendait visite à maman lorsqu'elle était internée, l'emmenait aux urgences lorsque son état de santé le nécessitait, parfois au beau milieu de la nuit, gérait les moments de crises du mieux qu'il le pouvait... Je ressentais beaucoup de mélancolie en pensant à sa vie. Il restait toujours très silencieux, ne se livrait jamais, on ne savait jamais quel état d'âme l'habitait, quelles émotions le traversaient. Jamais de loisirs, jamais de plaisir, toujours à enchaîner les obligations sans répit, dormir et recommencer. Les seules conversations que nous avions avec lui étaient uniquement d'ordre pratique : « À quelle heure tu rentres ? Qu'est-ce que vous voudriez manger ce soir ? Tu veux un peu d'argent pour acheter ton déjeuner ? Etc. »

« Quand on ne cherche pas, on trouve », dit le dicton, ou « C'est quand on s'y attend le moins que ça arrive le plus » ... Enfin, c'est effectivement pendant ces années, les deux dernières passées chez mes parents, que le passé refit surface à plusieurs reprises par le biais de rencontres fortuites.

Ce fut d'abord la rencontre entre Vincent et Ange, dans le métro. Ange était en colocation avec un autre ancien du foyer, Cédric. Il s'entendait très bien avec mon frère, déjà à l'époque du foyer, ils ne se sont donc plus perdus de vue depuis. J'étais alors bien moins proche de lui, et la nouvelle me laissa presque de marbre. Aujourd'hui, en revanche, un fort lien d'amitié nous lie encore.

Eut lieu ensuite une autre rencontre, beaucoup moins réjouissante. Vincent se baladait alors dans le quartier de Montparnasse, lorsqu'on l'interpella. Il s'agissait d'un jeune du foyer, avec qui nous n'avions pas spécialement d'atomes crochus. Après quelques échanges de banalités, le jeune répondit à la fameuse question « Bon, et toi qu'est-ce que tu deviens ? » par « Moi, je suis SDF... », laissant Vincent dans un profond embarras. Il faisait partie des jeunes ayant l'histoire la plus lourde et avait visiblement été lâché par l'ASE le jour de ses dix-huit ans, sans aucune autre prise en charge, ni ressource.

La troisième rencontre se produisit non loin du parc des Buttes Chaumont. J'étais avec Gabriel, lorsqu'une silhouette imposante s'est approchée de nous en courant et s'exclamant : « Hey, David, je t'ai reconnu direct ! » C'était François.

Il s'était notablement étoffé, sa mâchoire était carrée et il devait mesurer plus d'un mètre quatre-vingts. Sa voix avait gardé la même intonation que dans mes souvenirs, mais était désormais plus grave et caverneuse.

Nous avons fait un bout de trajet ensemble. Dans le métro, il me dévoila le contenu de son sac à dos : des plaques de haschich visiblement destinées à la revente et soigneusement entourées de cellophane occupaient la quasi-totalité de l'espace. « Devine avec qui je fais ce business ? Avec Karim ! Je le vois souvent ! Ça te dit un de ces quatre, on passe une soirée ensemble ? »

J'acquiesçais, non sans une once d'appréhension. J'avais désormais ma bande de potes, et je me sentais bien, je n'avais pas forcément envie de tout chambouler en réintégrant dans ma vie des fantômes du passé, après lesquels j'avais pourtant tellement couru.

La rencontre eut lieu un samedi soir. Ils passèrent tous les deux nous prendre chez nos parents, Vincent et moi, à une adresse qui n'avait pas changée depuis l'époque du Raincy et qu'ils ne connaissaient que trop bien.

En me voyant, Karim m'examina de la tête aux pieds. J'avais un look très classique, presque de premier de la classe, alors qu'il arborait un blouson et des gants en cuir noir, et la panoplie de bijoux en or qui va bien, des bagues, à la gourmette, en passant par la chaine.

Le plan était d'aller se poser dans la chambre d'un hôtel pour y fumer une ribambelle de joints jusqu'à pas d'heures. Et il y avait largement de quoi faire, puisqu'ils puisaient dans le stock dont ils disposaient pour la revente. Je trouvais cette pratique étonnante : s'enfermer dans la chambre d'un hôtel, mais après tout pourquoi pas. Elle semblait être assez répandue puisque dans la chambre voisine, des amis de François y fêtaient un anniversaire entre potes.

Nous parlions de tout et de rien, Karim racontait être passé par la case prison pour son trafic de stupéfiants, lorsqu'on frappa bruyamment à la porte. Karim bondit, et s'adossa au mur, comme pris au piège et cherchant instinctivement une issue de secours. Le réceptionniste de l'hôtel apparut dans l'entrebâillement de la porte, requérant que nous ouvrions les fenêtres car l'odeur de fumée se répandait dans le couloir. Karim, soulagé, nous confia : « J'ai flippé ! Ça m'a fait penser au jour où je me suis fait attraper. Même scénario ! »

En sortant de la chambre, nous nous sommes dirigés vers l'ascenseur et sommes tombés nez à nez avec les « potes d'à côté ». Ils étaient visiblement alcoolisés et avaient au moins autant fumé que nous. « Ils sont déchirés au sky ! », s'est écrié François. L'un d'eux, petit mais baraqué comme deux armoires à glace, s'est approché de moi, me regardant fixement, de ses yeux injectés de sang. Je soutenais son regard, immobile, sans trop savoir comment réagir, lorsque François est intervenu : « Je te présente Vincent et David, des potes de foyer. » À ces mots, le baraqué s'est détourné de moi, et s'est dirigé vers l'ascenseur.

Dans la voiture de Karim, qui nous raccompagnait chez nous, je pensais « Nos vies ont définitivement pris des routes différentes, nous ne faisons plus partie du même monde », et espérais qu'ils ne tiendraient pas pour acquis que nous nous reverrions régulièrement. Ce ne fut pas le cas, et plus les semaines passaient et plus j'étais soulagé de constater qu'ils avaient dû en arriver à la même conclusion, car ils ne cherchèrent jamais à nous recontacter.

BTS en poche, je décrochai rapidement un premier job « atypique » selon le qualificatif employé par la recruteuse, en tant que télexiste bilingue, dans le cadre d'un remplacement. À ce moment-là et depuis l'été précédent, maman n'allait pas bien du tout, son état de santé physique s'était encore détérioré et elle se sentait tellement persécutée qu'elle ne supportait plus de rester seule à la maison, alors que nous avions tous une activité professionnelle. Chaque fois que nous partions au boulot, il fallait presque lui fermer la porte au nez, en lui répétant incessamment, et en vain, que tout allait bien, qu'elle ne risquait rien, pour la voir fondre en larme lorsque la porte était quasiment fermée. De quoi partir travailler le cœur léger.

J'étais de plus en plus impliqué dans le suivi de sa prise en charge, j'accompagnais parfois mon père aux rendez-vous avec l'équipe psychiatrique et faisais des comptes rendus à Delphine qui suivait les événements à distance et donnait conseils et instructions. Notre dernier objectif en date était de lui trouver un hôpital de jour, une structure qui puisse l'encadrer, la surveiller, lui prodiguer des soins pendant la journée. Mais son psychiatre, qui la suivait depuis près de dix ans et était donc la personne connaissant le mieux son dossier, était de moins en moins joignable, toujours de plus en plus débordé, répondait rarement au téléphone, et finit par démissionner.

Nous nous sentions tous complètement démunis et abandonnés. Un jour, alors que j'avais été le dernier à quitter le domicile et à devoir donc lui fermer la porte au nez, je la trouvai en rentrant le soir, seule assise sur le bord du trottoir. « J'attends l'ambulance », me répondit-elle d'une voix confuse, lorsque je lui demandai ce qu'elle faisait là. Je la raccompagnai à la maison, et trouvai la porte de l'appartement grande ouverte. J'appelai papa, pour être certain de ne pas avoir loupé un épisode. Il me répondit par la négative, aucune hospitalisation n'était prévue.

Une rage sans précédent s'éveilla en moi. C'en était trop. Il fallait faire quelque chose, il fallait bouger. Je pris une décision ferme : désormais, ce ne serait plus à papa de porter ce fardeau, j'étais maintenant assez mature pour prendre les rênes en main. Il fallait qu'on nous vienne en aide, qu'on lui vienne en aide. Cela faisait trop longtemps qu'elle était plongée dans une souffrance atroce. Pouvait-on seulement appeler ça « vivre » ? Tout au mieux elle traversait l'existence, mais elle ne vivait pas.

Elle le méritait, de vivre à nouveau, et j'étais prêt à soulever des montagnes pour ça.

*Je dis qu'il faut profiter de sa présence tant qu'elle est là
Plutôt que tard se rattraper en larmes sur l'absence
C'est pas facile à dire, l'amour est à ce prix là
Car rien n'est éternel, la vie te l'a appris, hélas*

Oxmo Puccino
"Mama Lova" – *Sad Hill*, 1997

*Certains appellent ça la poisse,
D'autres appellent ça la vie*

Shurik'N
"Si j'avais su" – *Sad Hill*, 1997

CHAPITRE 5

*Monsieur le Ministre
de la Santé et des Solidarités*

Paris, le 14 décembre 2005

Monsieur Le Ministre,

Si je me permets de vous déranger dans l'exercice de vos fonctions, c'est que ma famille et moi-même avons besoin de votre aide urgente, et que le qualificatif d'urgence employé est amplement justifié.

Nous avons absolument besoin que quelqu'un dans la filière médicale bouge et prenne enfin en compte notre histoire qui est liée à la maladie de notre mère et dont je vous résume la situation ci-dessous.

Depuis 1997, celle-ci a été plusieurs fois admise en hôpital psychiatrique pour essayer de solutionner un pro-

blème profond d'état dépressif qui a empiré au fil du temps et des années. Elle était donc internée pour un temps, elle sortait et rechutait, elle était de nouveau internée, et ainsi de suite…

Liés à ces problèmes d'ordre psychiatrique se greffent des problèmes d'ordre physique, c'est-à-dire : diabète, cholestérol, infarctus… Les médecins ont constamment essayé de stabiliser le côté psychiatrique et le côté somatique, sans y arriver, notamment à cause des trop gros écarts entre les divers rendez-vous et leurs mauvaises coordinations.

Quand elle rentre à la maison, elle se retrouve confrontée à elle-même puisque tout le monde travaille, et comme elle n'a pas conscience de tous ses problèmes, elle met sa santé en danger.

De l'été dernier à aujourd'hui, son état de santé s'est dégradé du fait de se retrouver à nouveau toute seule à la maison pendant la journée, et son psychiatre qui semble débordé n'arrive pas à obtenir ce qui nous semblerait être la solution idéale, à savoir un hôpital de jour, que le médecin généraliste nous a fortement recommandé au vu de ses derniers examens sanguins. Son psychiatre s'est à nouveau engagé à lui trouver cet hôpital, mais cela fait des années qu'il nous fait la même promesse.

Aujourd'hui, l'état de santé de ma mère se dégrade et le médecin tire le signal d'alarme. Il faut absolument que quelqu'un s'intéresse à ce cas avant qu'il n'empire et qu'il ne soit trop tard.

C'est pourquoi je me tourne vers vous et vos services, pour que vous veniez à mon secours, pour que l'on trouve enfin cet hôpital de jour. Je ne sais plus à qui m'adresser, vous devez sûrement pouvoir me guider vers les bonnes personnes.

Je suis à votre disposition pour tout renseignement complémentaire dont vous auriez besoin pour suivre ce dossier.

Je vous remercie par avance de l'attention que vous porterez à me lire, et dans l'attente de votre réponse en retour, je vous prie d'agréer, Monsieur Le Ministre, l'expression de mes salutations distinguées.

David A–D.

J'étais bien loin de me douter, à l'époque, qu'existait cette possibilité d'écrire directement aux ministres, voire au Président de la République s'il le fallait. C'est sur les précieux conseils de ce collègue que je remplaçais dans le cadre de mon premier job, et qui devint par la suite un très bon ami, que j'enverrais ce courrier, qui devint le premier d'un long échange avec l'administration en charge de la santé et des solidarités. Bien entendu, le dossier n'était pas traité par le ministre en personne, mais par son cabinet, et le dossier, tout en descendant les niveaux hiérarchiques, avait finalement atterrit sur le bureau d'un médecin médiateur.

En parallèle, vint pour moi l'opportunité de faire prendre à ma vie un véritable tournant. La belle-famille de Delphine était propriétaire d'un studio dans le 13ème arrondissement et me proposa de le louer. Je sautai alors sur l'occasion. Il représentait pour moi la liberté, j'allais enfin pouvoir voler de mes propres ailes, jouir d'une totale indépendance et intimité. Plus aucun compte à rendre, pouvoir sortir où je veux, quand je veux, garder un appartement propre et une garde-robe complète et bien entretenue. Tout ce qui en fait était rendu impossible jusque-là et qui était devenu pour moi un véritable objectif de vie.

Je ressentais néanmoins un fort pincement au cœur. J'avais le terrible sentiment d'abandonner ma mère. Étant celui qui, en dehors des soins, lui portait le plus d'attention, celui avec qui elle avait les liens affectifs les plus forts, elle se tournait naturellement vers moi lorsqu'elle avait besoin d'aide, ou tout simplement pour parler un peu.

Magali était sortie de foyer quelques années après nous et était passée, tout comme Delphine et Sylvie avant elle, par la case dépression, qui n'épargna finalement aucune des femmes de la famille. Elle vivait désormais à Metz, de sorte qu'il ne restait à la maison plus que mon père et mon frère. La laisser seule avec eux éveillait en moi une certaine inquiétude. Qu'allait-elle devenir ? Et si elle avait besoin de moi et que je n'étais pas là ?

Me regardant préparer mes quelques cartons et valises le jour où je décidai qu'il était temps d'intégrer mon nouveau chez-moi, elle me dit d'un ton triste et à la fois empreint de résignation : « Je suis pas d'accord pour que tu t'en ailles ! » Je la rassurai aussitôt en lui faisant part de ma volonté de passer la voir chaque dimanche.

En attendant une solution plus pérenne, maman fut de nouveau admise à la clinique Rémy de Gourmont. Papa lui rendait visite presque quotidiennement, gérait son stock de linge et de cigarettes.

De mon côté, je sortais avec mes amis le samedi pour avoir mon bol d'air hebdomadaire, et en semaine, je faisais en sorte de rendre visite à maman deux à trois fois, après ma journée de travail. Les visites à la clinique étaient toujours une lourde épreuve. J'étais désormais autorisé à me rendre derrière la double porte blanche qui donnait accès aux chambres où un autre monde m'attendait.

Les locaux de la clinique étaient plutôt bien entretenus et les chambres bien aménagées, rien à voir en tout cas avec les cellules crades fermées par une grille aux barreaux rouillés comme on peut en voir au cinéma. Ils n'en demeuraient, pourtant, pas moins sinistres. Dans les couloirs, des dizaines, voire des vingtaines de patients erraient telles des âmes en peine.

J'avais toujours beaucoup d'empathie pour ces hommes et femmes, parfois très jeunes, en proie à diverses maladies mentales, déambulant dans les couloirs de la clinique, comme ce jeune homme roux et barbu, se déplaçant en sautillant sur la pointe de ses pieds nus, le visage maquillé par un large sourire figé lui donnant l'impression d'être l'homme le plus heureux du monde. J'étais aussi très mal à l'aise et ne savais jamais vraiment comment réagir aux nombreuses interpellations inopinées et farfelues, comme cet homme qui me demanda le plus naturellement du monde, l'étincelle dans le regard de celui qui est persuadé d'avoir reconnu son interlocuteur, et presque déjà convaincu de la réponse, si ce n'était pas moi qui avais couché avec sa femme ; ou cette jeune fille très mince, en chemise de nuit blanche qui, à chaque visite, s'asseyait près de nous, montait ses pieds sur le siège et, tout en allumant une cigarette, nous coupait dans notre conversation pour demander : « C'est votre fils madame ? Il est très beau ! »

L'état de maman était variable selon les visites. Nous pouvions aussi bien la croiser dans les couloirs, errant à l'instar des autres patients, que la trouver dans sa chambre, allongée tranquillement en attendant le repas.

À chaque visite, lorsque j'apparaissais dans son champ de vision, la joie illuminait son visage, elle s'écriait « David ! » et je déposais des baisers sur ses joues douces et molles. Je restais avec elle, parfois jusqu'à l'heure du dîner. Papa arrivait à son tour, et repartait parfois avant moi. Et puis il était temps pour moi aussi de quitter les lieux. Les départs étaient toujours une vraie torture. Je la couvrais de baisers et de caresses. Un de ses psychiatres, un jeune homme qui avait repris le dossier après la démission du premier, m'en avait fait la remarque :

– Vous la touchez énormément votre mère !

– Oui, c'est une chose que je n'ai pas assez faite par le passé... et comme elle a déjà frôlé plusieurs fois la mort, c'est ma manière à moi de me dire que s'il lui arrive quoi que ce soit, au moins notre dernière rencontre se sera conclue par des gestes tendres.

Je me postais ensuite dehors sur le trottoir, de sorte qu'elle puisse me voir de la fenêtre de sa chambre, et nous agitions tous les deux la main, jusqu'à ce que je m'éloigne, tourne les talons et disparaisse de sa vue, le cœur gros.

Quelques échanges de courriers et rendez-vous avec le médecin médiateur plus tard, ce fut le début d'une prise en charge plus poussée. Maman bénéficia d'un séjour en maison de repos.
Lors de la première visite dans ce nouvel établissement, son état me surprit agréablement. En arrivant devant la grille, je la trouvai dans le jardin ensoleillé, courant presque à ma rencontre en criant mon prénom et en agitant la main pour me saluer. Je l'écoutais ensuite me raconter, avec un calme et une lucidité que je pensais ne plus jamais retrouver en elle, à quel point sa nuit avait été compliquée « entre la chaleur et les moustiques qui m'ont piquée de part en part ! »
Fou de joie, m'empressai de raconter cet épisode à Delphine : « Viens la voir avec moi la prochaine fois, tu vas être étonnée ! » Malheureusement, nouvelle

déception. Maman nous accueillit, le regard fixe, les idées confuses et nous quitta en prononçant un « Au revoir monsieur, au revoir madame », à nous en tirer les larmes des yeux.

Puis, après un retour au domicile, je ne sais encore comment, le miracle se produisit ! Son psychiatre parvint à trouver LA combinaison de molécules qui réussit à calmer ses démons, l'apaiser, sans pour autant l'assommer ou lui griller les neurones. Sa sérénité, mais surtout la clarté de ses propos m'émerveillait. Je l'écoutais me raconter sa vie, son passé, son enfance, des bribes de souvenirs avant son arrivée en France, ses chevauchées sur les plages de Tunisie, ses premiers amours, sa rencontre avec papa alors qu'elle était serveuse dans un café… et qu'il finit par la conquérir en se battant avec son petit ami de l'époque…
Quelques mois sont passés, je restais sur mes gardes. Peu s'en fallait pour qu'elle ne se mette à entendre de nouveau des voix dans sa tête et que ses discours ne redeviennent incohérents. Mais au bout de presque un an, tout en touchant du bois pour que cela dure, il fallait se rendre à l'évidence : nous pouvions enfin respirer !
Sa vie n'avait rien de passionnant pour autant : loin d'être autonome, surtout pour se déplacer, elle restait enfermée dans l'appartement, fumant cigarette sur cigarette, attendant que son mari ne rentre du travail, et recevait la visite dominicale de ses enfants.

Voilà à quoi elle se résumait. Mais au moins, elle ne souffrait plus, et il n'était plus question de l'enfermer à nouveau dans un hôpital lugubre où les patients étaient laissés livrés à eux-mêmes, parfois dans leurs propres excréments.

Je me souvins alors lui avoir rendu visite un samedi après-midi à la clinique, je la trouvai assise tranquillement sur son lit. La porte de la salle de bain était ouverte, et le sol recouvert de son vomi. « C'est arrivé ce matin, je leur ai dit, mais ils ne sont pas venus », m'informa-t-elle, d'une voix presque coupable. Quand je poussai la porte du bureau des infirmières, constatant que l'une était assise, profitant des talents de coiffeuse de sa collègue, je vis rouge... Tout ça, toutes ces horreurs, c'était terminé. J'avais eu la force de combattre pour elle, de me lever, de crier, et avec l'aide de papa et Delphine, mes efforts avaient fini par payer.

La vie était désormais plus agréable pour tout le monde. Papa continuait d'être son auxiliaire de vie personnel : préparation des traitements, des repas, toilette, nettoyage du linge, rationnement des cigarettes pour éviter que le paquet ne soit fumé dans l'heure (malgré ses multiples protestations), etc. Delphine s'efforçait également de lui donner un bon bain lors de nos visites dominicales, qui étaient devenues un rituel.

Après le repas, papa allait faire une sieste dans sa chambre, je m'asseyais alors près de maman, sur le canapé, devant Michel Drucker, Monk ou New York

– Police Judiciaire, qu'on ne regardait pas vraiment. Et il n'était plus du tout question d'être timide ou avare en sentiments et marques d'affection : je la serrais fort dans mes bras, lui tenais la main, la couvrais de baisers, parfois même m'endormais paisiblement à ses côtés, une main posée sur son dos pour ne pas rompre le contact.

Avec sa maladie, la disparition de toute norme sociale ou règle de bienséance fut quasi complète, de sorte que maman pouvait parfois livrer ses pensées de manière brute, sans aucun filtre. Une franchise et une transparence maladroite qui pouvait donner lieu à des situations cocasses. « Il est tout le temps en train de m'embrasser celui-là ! », lança-t-elle alors que je déposais un tendre baiser sur sa joue.

De temps en temps, une certaine crainte pointait le bout de son nez lorsqu'elle interrompait la conversation, levant un doigt en direction de son oreille pour m'indiquer de cesser de parler et d'être attentif, et m'interrogeait : « Tu entends ? Les voisins me disent de fumer tout mon paquet de cigarettes ! » Tapis dans la pénombre, les démons n'étaient jamais bien loin.

Pas moins de quatre années se sont déroulées de la sorte, j'étais vraiment plein de reconnaissance envers la vie, d'avoir croisé les bonnes personnes au bon moment, d'avoir été finalement écouté et aidé, et de fierté aussi pour avoir trouvé le courage de ne jamais l'abandonner malgré les difficultés et la complexité de la situation.

Je profitais de cette période d'accalmie pour m'occuper un peu de ma vie amoureuse qui avait jusque-là été laissée en jachère. Sans parler des quelques amourettes par-ci, par-là, les deux ou trois relations qui auraient pu tenir sur la durée se soldèrent par un échec cuisant. Après mes objectifs de vie désormais atteints, « retourner chez moi », puis « avoir des amis » et enfin « faire en sorte que maman ne souffre plus », mon nouveau but était désormais de « trouver l'amour », convaincu qu'une fois atteint, il me placerait sur un sommet de bonheur pour l'éternité.

Mon manque de connaissances sur la vraie nature des relations humaines, et notamment homme-femme, mes fausses croyances en l'amour unique, exclusif et éternel, finissaient très vite par déséquilibrer la relation. Je plaçais un besoin de reconnaissance trop lourd sur les épaules de mes partenaires et finissais inévitablement par les étouffer. Ma confiance en moi prenait une nouvelle claque. Je blâmais ma vie passée pour avoir fait de moi une personne bancale qui ne parviendrais jamais à construire quoi que ce soit de solide.

L'absence d'équilibre dans mes relations était un sujet qui virait à l'obsession, je ne comprenais pas comment les hommes autour de moi parvenaient à garder une copine plus de deux ans quand les miennes semblaient perdre leur intérêt pour moi au bout d'un an à peine. Et plus je m'acharnais pour inverser la vapeur, pour faire en sorte de faire renaître la flamme des premiers jours, et plus je m'enlisais.

Il était par ailleurs hors de question de mettre fin au rituel des visites dominicales, ce qui ne manquait pas d'être un sujet de discorde au sein du couple.

C'est en ces temps-là que je commençais à côtoyer Ange de plus en plus souvent. Il galérait autant que moi, et pour des raisons très similaires, dans le domaine amoureux. Nous nous retrouvions dans Paris pour festoyer et nous raconter nos misères. Nous avions pleinement conscience d'avoir de fortes carences d'ordre affectif, d'être à l'origine du manque de pérennité de nos relations, pour autant nous ne parvenions pas à en comprendre le mécanisme, alors qu'il nous suffisait, dans un premier temps, de cesser d'en faire une priorité absolue, d'attendre d'une femme qu'elle nous apporte enfin la félicité qui nous avait tant fait défaut jusque-là.

Tout ça ne nous empêchait pas, pour autant, d'apprécier ces sorties entre amis, en ressassant interminablement des souvenirs du foyer.

Malgré mon chagrin, je ressentais une fierté et un bonheur immense de passer du temps avec un des anciens. Un fort lien d'amitié nous liait, nous étions des potes de galère, des ex-enfants de la DDASS, et désormais des cœurs meurtris en quête de reconnaissance…

Et puis, un dimanche, alors que je passais en revue les divers courriers et ordonnances médicaux, un nuage noir et menaçant se profila à l'horizon.

Je savais que maman avait fait quelques analyses pendant les jours précédents, comme à mon habitude je prenais donc connaissance des documents que papa laissait à ma disposition sur un buffet dans l'entrée. Je tombai alors sur une enveloppe fermée sur laquelle était inscrit en lettres capitales et souligné le mot : URGENT. Je m'enquis auprès de papa :

– Tu sais ce que c'est ça ? », lui montrant l'enveloppe.
– Non, c'est la gynéco qui a laissé ça pour son médecin, mais j'arrive pas à déchiffrer l'écriture…

À l'intérieur de l'enveloppe se trouvait une lettre rédigée d'une écriture typique de médecin, rectiligne et illisible. Je me concentrai pour tenter de déchiffrer ces hiéroglyphes. Comparant les lettres du corps du courrier avec celles de la formule d'appel, que je devinai comme étant « Cher confrère », je parvins péniblement à deviner quelques mots que je n'avais alors jamais vus jusque-là. L'angoisse montait à mesure que je déchiffrais les mots clefs du courrier, les notant sur mon portable, à côté de leurs possibles déclinaisons. Je revins vers papa, hébété, et lui annonçai :

– Ça a l'air plutôt grave ce dont il est question…
– J'en sais rien, laissons les médecins voir ça entre eux !

Je rentrai chez-moi, l'inquiétude commençait à prendre possession de mes pensées. Je tentai de me rassurer intérieurement : « Tout va bien, ne t'inquiète pas… de toute façon même si elle a vu quelque chose de pas très clean, seules des analyses prouveront s'il s'agit d'un truc grave ou non ! »

Arrivé chez moi, j'allumai l'ordinateur et commençai à taper les quelques mots que j'avais réussi à déchiffrer. Le moteur de recherche proposait immédiatement une correction orthographique du mot que je venais de taper. Le champ lexical auquel ils appartenaient faisaient grimper l'angoisse, le sol semblait se dérober sous mes pieds. Après quelques minutes de recherche, je parvins à déchiffrer, rapprochant les divers résultats entre eux, ces deux mots, dont la définition me glaça le sang : **carcinome épidermoïde**.

J'essayai de canaliser ma peur, de me rassurer, mais une petite voix au plus profond de moi m'exhortait à regarder la réalité en face : la situation était grave, et un nouveau combat redoutable s'annonçait.

Le diagnostic me fut confirmé par Magali, qui avait regagné depuis quelques mois le domicile parental : il s'agissait bien d'une tumeur invasive qui s'étendait de la vulve à l'anus, de telle sorte que la chirurgie n'était pas envisageable.

Maman fut, dans un premier temps, admise dans le service de dermatologie de l'hôpital Saint-Louis. Désormais les visites dominicales s'y déroulaient, et le reste de la semaine, chacun de nous faisait en sorte de s'y rendre dès qu'il en avait l'occasion.

En parallèle, quand je ne bossais pas, je sortais un maximum avec mes amis. Ces parenthèses festives me permettaient de garder le moral, autant que possible. Mais sitôt seul chez moi, mon esprit se tournait de nouveau vers maman et la situation dans laquelle elle se trouvait. Comment allait-on se sortir de là ? L'issue serait-elle heureuse ?

Lorsque je lui rendais visite, sur le trajet, mon stress montait à mesure que je me rapprochais de ma destination, rendant mes mains moites et accélérant ma respiration et mon rythme cardiaque. Dès que je passais les portes automatiques, l'odeur aseptisée de l'hôpital se mélangeait à ma nervosité naissante, me soulevant le cœur et intensifiant mon angoisse.

Dans le couloir qui menait vers sa chambre, je n'osais pas tourner la tête lorsque j'en croisais une dont la porte était ouverte, je continuais de marcher, m'efforçant de regarder droit devant moi afin d'éviter le plus possible de voir d'autres patients, de graver dans ma mémoire des images douloureuses dont elle regorgeait déjà bien assez.

Il n'était pas rare alors de tomber nez à nez avec un frère ou une sœur ayant choisi ce même jour pour rendre visite à maman. Dans les toilettes de sa chambre, que j'utilisais avant de prendre le chemin du retour, je regardais mon reflet tout en me lavant les mains. Je secouais la tête en pensant : « Tu vas pas t'en sortir, hein ? »

En dehors des moments où la douleur s'éveillait, maman était plutôt souriante. Elle semblait particulièrement apprécier les nombreuses visites de son mari et de ses enfants, et n'avait pas vraiment conscience de ce qui lui arrivait. Je trouvais sa position étrange et me demandais si, à sa place, je n'aurais pas aimé savoir ce qui se tramait. Mais après en avoir délibéré avec mes frère et sœurs, nous en sommes venus à la conclusion qu'il valait mieux ne pas l'en informer et risquer de l'ébranler psychologiquement.

Papa, quant à lui, semblait déborder d'optimisme. Lorsqu'il me raccompagnait chez moi en voiture, il me faisait part de la confiance qu'il avait en l'hôpital dans lequel elle se trouvait, spécialisé dans le traitement des cancers. Il avait confiance en l'avenir, il y avait de l'espoir. Il prenait le visage de maman entre ses larges mains d'ouvrier et l'encourageait : « Tu te débrouilles très bien, tu as déjà énormément progressé ! Je vais bientôt être en retraite, on pourra aller s'installer au Portugal, tous les deux ! »

L'oncologue de maman partageait son point de vue. Il nous avait exposé son plan d'action et semblait très optimiste quant à la suite, la santé de maman s'étant améliorée sur bien des aspects. Son discours nous avait mis du baume au cœur.

Avant cependant de pouvoir démarrer les séances de chimiothérapie, maman allait devoir être quelque peu rafistolée, les divers examens ayant révélé une artère carotide atteinte de sténose et la présence d'un calcul rénal. Elle fut transférée à l'Institut Montsouris pour y subir une intervention de microchirurgie consistant à insérer dans son artère de petits anneaux dans le but d'en élargir le canal. Après l'intervention, une longue cicatrice prenait naissance derrière son oreille, courait le long de son cou et terminait sa course non loin de sa clavicule. À intervalles réguliers, de petites agrafes la maintenaient fermée. Nous la comparions, plus par tendresse que par moquerie, à un ours en peluche abîmé par le temps et tout recousu.

De retour à l'hôpital Saint-Louis, au service d'oncologie, à peine quatre mois après, la dernière phase du traitement pouvait commencer. Les médecins prévoyaient pour la semaine suivante l'évacuation du calcul rénal, et le commencement de la chimiothérapie.

Cette dernière phase m'inquiétait, malgré les progrès réalisés par la médecine en la matière, la chimiothérapie n'en demeurait pas moins une technique aux effets secondaires parfois lourds. La fatigue qu'elle pourrait ressentir, les vomissements, sans parler de la perte des cheveux... Nous avons tenté de la préparer au mieux et elle semblait ravie à l'idée de porter une perruque. « Je la voudrais blonde ! », s'exclamait-elle, comme s'il s'agissait du dernier accessoire à la mode qu'elle porterait avec coquetterie.

Maman nous quittera le dimanche 25 avril 2010, à 23h00, après avoir reçu le jour même la visite de sa famille au complet, nous laissant dévastés par un chagrin et un vide infinis.

En vue de l'intervention chirurgicale visant à évacuer le calcul rénal, et pour éviter des risques évidents d'hémorragie, les médecins avaient dû stopper la prise d'anticoagulant, servant à lui fluidifier le sang. Son sang devenu plus épais, la position allongée qu'elle gardait trop souvent, le carcinome aidant, tout cela entraîna une embolie pulmonaire massive contre laquelle les médecins réanimateurs ne purent rien faire.

* * *

« J'ai rêvé d'elle cette nuit. Elle est là parmi nous, elle n'a pas changé. Elle vient vers moi, alors je l'interroge : "Que fais-tu ici ? Tu es morte ! Mais tu ne le sais sans doute pas encore…" Étonnée, elle me répond de sa petite voix aigüe, et avec la même intonation qui lui était propre : "Ah bon ?" Alors j'approche ma main de son visage, pour y déposer une caresse… et elle disparait… à tout jamais… », nous raconta papa, à quelques jours de l'enterrement, avant de fondre en larmes.

EPILOGUE

Le ciel est totalement dégagé et d'un bleu azur, en cette chaude journée du mois d'avril, le soleil brille encore de mille feux malgré la fin d'après-midi approchante et illumine la chambre d'une intense lumière blanche. Assis devant mon bureau, aménagé dans un petit coin de la pièce, face à mon écran d'ordinateur, j'effectue les derniers clics qui concluront cette journée de travail.

Depuis qu'une pandémie d'un virus baptisé Covid-19 s'est répandue sur l'ensemble du globe, le télétravail est de rigueur. Malgré le casque audio placé sur mes oreilles, je perçois dans le couloir, au travers de la porte fermée, les gazouillis de ma petite fille de huit mois, jouant avec sa mère.

Je repense alors au coup de fil reçu de papa quelques jours auparavant. Coincé au Portugal après la fermeture des frontières, il me rappelle que les démarches de renouvellement de la concession funéraire de maman doivent être effectuées dans quelques jours. Je suis à la veille de mes trente-neuf ans, dix ans sont passés déjà.

Je plonge alors dans mes souvenirs, je repense à toutes ces années de souffrance, de combat, de sacrifices… Telles des stars oubliées, plongées dans la pénombre, puis de nouveau sous les feux des projecteurs, des souvenirs douloureux refont surface. À la lumière de ma conscience, je me les remémore dans les moindres détails, ressentant dans tout mon corps des tsunamis d'émotions, les larmes aux bords des yeux.

N'étant pas particulièrement fan des couteaux qu'on retourne inutilement dans la plaie, j'invoque volontairement des souvenirs plus heureux. Je repense alors à ces quatre années de répit, pleines de simplicité et de tendresse. Je repense à son sourire, et je souris à mon tour.

Je n'ai absolument aucun regret.

Je m'étire paresseusement et survole les playlists musicales que me propose une plateforme numérique à laquelle je suis abonné. Dans la catégorie « Décennies », je suis attiré par celle intitulée « Années 1990 ». Je n'en connais pas tous les titres, je leur laisse une chance, quelques secondes, puis je zappe.

Tout à coup, un air familier se fait entendre, en toile de fond une émotion l'accompagne, je ressens la chaleur d'un soleil de printemps m'envelopper, je revois les feuilles des platanes danser légèrement dans le vent, je sens un parfum... London Beat me plonge dans mes souvenirs, je suis un jeune enfant amoureux, dans l'enceinte du foyer de Ménilmontant... Si dix années se sont écoulées depuis le jour où maman est partie, trente me séparent maintenant du jour où j'ai franchi cette porte pourvue en son fronton de l'inscription : « Laissez venir à moi les petits enfants ».

Je repense à ces nombreux enfants et adolescents ayant croisé ma route durant ces années de placement : Mickaël, Alain, Aïcha, Malika, Phi... Grégoire, François, Karim, Basile... que deviennent-ils en ces temps de pandémie planétaire ? Quelle a été leur histoire depuis leur sortie de foyer ?

Il y a ceux, peu nombreux, avec qui je suis en lien sur les réseaux sociaux et qui, à force de résilience, ont réussi à construire leur vie et leur famille. J'ai le plaisir de voir leur progéniture épanouie et heureuse. Ange fait partie de ceux-là. Devenu professeur à Dakar, au Sénégal, il est le père de trois beaux enfants et la vie semble lui sourire.

Il y a aussi ceux dont nous avons reçu de tristes nouvelles au fil des ans : entre celui devenu sans domicile fixe, celui qui reproduit un schéma familial ayant débouché sur le placement en foyer de ses propres enfants... ou celui encore qui met fin à ses jours à cause d'un mal être existentiel devenu insupportable.

Et puis enfin il y a les disparus, très nombreux, sortis de ma vie sans laisser de trace. Poussé par la curiosité, je m'installe devant Facebook et commence mes recherches. Toutes les combinaisons de noms et prénoms dont je me souviens encore y passent… mais je ne retrouve personne. Les nombreux homonymes, profils sans photo me compliquent la tâche… ou bien peut-être que la plupart ne fait tout simplement pas partie d'un système auquel ils n'appartenaient déjà pas étant gamins.

Je tape alors le nom de Malika et, à ma grande surprise, la retrouve instantanément. Malgré les trente années qui se sont écoulées, elle n'a pas changé d'un trait. Elle est maintenant mère de famille et exprime fièrement l'amour inconditionnel qu'elle voue à ses enfants. Ce clin d'œil de mon enfance me fait sourire, je lui envoie une demande d'ami, commence à rédiger un message, puis me ravise.

Je remonte le fil du temps et pars à la recherche des jeunes du Raincy, mais mes recherches demeurent infructueuses. Malgré la longue liste de noms dont je me souviens encore, aucun d'eux ne surgira des résultats. Seuls deux articles de presse retiendront mon attention. Le premier relatant le récit d'un jeune homme, Grégoire, mort écrasé par une cabine d'ascenseur qu'il tentait alors de réparer. Le second traitant du démantèlement d'un réseau de trafic de drogue et mentionnant les noms des principaux responsables parmi lesquels je reconnais celui de Karim. La gorge nouée, et malgré la concordance de certains lieux et dates, j'espère égoïstement au fond de moi qu'il ne s'agisse que d'homonymes. Je ne peux alors m'empêcher de méditer à propos de la fragilité de la vie, de m'interroger sur ce qui conditionne la direction que chacune d'elle prend.

J'ai une vision d'ensemble de la mienne, et en admire le tableau, constellé d'un millier de nuances. Lorsque je me tourne vers mon passé, j'y vois de nombreuses facettes, toutes imprégnées de leurs états d'âmes respectifs.

J'ai connu l'enfance livré à moi-même, l'innocence et la magie des premières années, les cris, les pleurs, le placement en foyer, l'espoir d'en sortir un jour, persuadé que ce serait le tournant de ma vie, le bonheur enfin obtenu, sans réaliser que toute la cause de mes malheurs et de ceux de ma famille reposait sur la maladie de ma mère. J'ai connu le retour en famille, sans plus aucun repère, sans amis, la pauvreté d'âme, vestimentaire, financière. J'ai connu le poids du regard des autres, la prise de conscience de plus en plus lourde de la vie. J'ai connu la misère affective, la déception, l'incompréhension, la recherche du savoir, la philosophie, des réflexions à en devenir cinglé. J'ai connu des trêves, le bonheur, l'insouciance, l'amitié, la profondeur spirituelle, le regain de confiance. J'ai maudit la solitude, je l'ai appréciée dans toute sa plénitude. J'ai connu l'amour, je me suis méfié des femmes. J'ai reconnu en moi le potentiel intellectuel qui sommeillait, j'ai récolté les fruits de mon travail. J'ai rencontré la simplicité de vivre, des principes solides. Mais j'ai aussi touché le fond, j'ai eu peur, j'ai été craintif et asocial.

La reconstruction fut longue et laborieuse, il m'aura fallu renoncer à chercher le salut dans l'amour, à placer mon bonheur entre les mains des autres pour enfin en prendre la pleine responsabilité et devenir une personne indépendante et émotionnellement équilibrée. Aujourd'hui, je suis un homme comblé, père d'une merveilleuse petite fille, fruit d'une relation saine et harmonieuse.

Nous démarrons tous avec notre bagage, parfois déjà très lourd, nos casseroles que nous trainerons pendant une partie du périple, nous sommes ballottés par la vie, changeons de direction au gré de nos décisions. Qu'est-ce qui fera la différence ? Est-ce la chance, le degré de conscience, la capacité de résilience, l'entourage, les mains qui se sont tendues au bon moment ?

Malgré ses peines, ma vie regorge de douceur et de moments heureux, que je chéris en ma mémoire. Tout ce qui compte en définitive, face à la mort qui approche, inéluctable, c'est de savourer l'existence, cette merveilleuse aventure, ce hiatus entre deux néants, et tous ses petits et grands bonheurs : les odeurs, les saisons, la musique, les paysages, notre planète aux mille et une facettes…, l'amitié ! De rire, et de rire encore, même, et surtout, face à l'adversité. Et être présent pour ceux qui comptent pour nous. Donner de l'amour, sans limite.